복 있는 사람
오직 여호와의 율법을 즐거워하여 그 율법을 주야로 묵상하는 자로다.
저는 시냇가에 심은 나무가 시절을 좇아 과실을 맺으며 그 잎사귀가
마르지 아니함 같으니 그 행사가 다 형통하리로다. (시편 1:2-3)

대야와 수건

대야와 수건

김영봉 지음

복 있는 사람

대야와 수건

2010년 8월 17일 초판 1쇄 인쇄
2010년 8월 23일 초판 1쇄 발행
지은이 김영봉
펴낸이 박종현
도서출판 복 있는 사람
서울특별시 종로구 안국동 163 걸스카웃빌딩 801호
Tel 723-7183 | Fax 723-7184
blesspjh@hanmail.net
영업 723-7734
등록 1998년 1월 19일 제1-2280호
ISBN 978-89-6360-024-6

ⓒ 김영봉 2010

이 책의 저작권은 저자와 도서출판 복 있는 사람에게 있습니다.
저작권법에 의하여 보호를 받는 저작물이므로 무단전재와 복제를 금합니다.

차례

시작하는 말   9

1. 사랑받기가 더 어렵다 요 13:1-11   13
2. 당해 보아야 안다 요 13:1-11   29
3. 노예의 자리에 서다 요 13:12-20   47
4. 좋은 몫을 택하다 요 13:12-17   63
5. 봉사라는 이름의 지배욕 요 13:12-17   79
6. 봉사는 부메랑이다 요 13:12-17, 31-35   95
7. 왕이 아니라 종이다 요 13:34-35   111
8. 사귐과 섬김이 열쇠다 요 13:34-35   131
9. 너무 늦은 때는 없다 요 13:21-30   145
10. 깨어짐이 은혜다 요 13:31-38   163

일러두기
이 책의 성경 구절은 새번역 성경에서 인용했다.

시작하는 말

2008년 여름, 저는 제가 섬기는 교회의 단기 선교팀과 함께 멕시코에 있는 선교지를 방문했습니다. 100년 전, 애니깽 농장에 이민 왔던 우리 선조들의 후예들이 살고 있는 유카탄 반도, 그곳에 있는 작은 마을 까깔첸을, 우리 교회는 매년 방문하여 선교 활동을 해 왔습니다. 2008년에는 그곳에 자그마한 선교관을 지어 '하나님의 선물'이라는 뜻의 '나다나엘 센터'라는 이름을 붙였습니다. 그 건물이 현지인들에게 하나님의 선물이 되기를 바라는 마음에서였습니다.

　선교팀이 방문하면 의료 봉사와 영어 교육 그리고 여름 성경학교를 합니다. 밤이 되면 동네 공회당에 주민들을 초청하여 전도 집회를 엽니다. 그해 집회 마지막 날, 선교사의 꿈을 꾸고 있던 젊은 목회자가 설교를 담당했습니다. 그는 설교 후에 세족식을 하겠다고 말했습니다. 우리는 충분한 수의 대야와 수건 그리고 물을 준비해 놓았습니다. 설교를 하는 동안 그 청년 전도자는 불을 뿜는 것 같았습니다. 설교의 주제는 '하나님 나라'였는데, 설교를 마친 다음 그는 하나님 나라가 어떤 것인지를 보여 주겠다고 했습니다. 그러고는 누구든지 나와 앞에 놓여 있는 의자에 앉으라고 초청했습니다.

주민들은 호기심 어린 눈빛으로 하나 둘씩 나와 의자에 앉았습니다. 저와 선교단원들은 일제히 그들 앞에 무릎을 꿇고 대야에 물을 붓고 발을 씻기 시작했습니다. 주민들은 대부분 샌들을 신고 있었고, 발은 굳은살이 박이고 먼지로 더럽혀져 있었습니다. 그들은 처음에는 주저했지만, 금세 긴장을 풀고 발을 내주었습니다. 선교단원들 중에는 그처럼 더러운 발을 한 번도 본 적이 없고 그런 발을 만지는 것을 상상도 할 수 없을 만큼 곱게 자란 청소년들이 여럿 있었습니다. 그들도 처음에는 주저하는 빛을 보이더니, 점점 적극적으로 임했습니다. 어떤 아이는 발을 씻기면서 눈물을 흘렸습니다. 그 눈물에는 많은 의미가 담겨 있을 거라고 생각했습니다. 저도 그들 가운데 하나가 되어 딱딱한 콘크리트 바닥에 무릎을 꿇고 그들의 발을 씻어 주었습니다.

저는 그때 "아, 하늘나라가 지금 이곳에 임했구나!"라는 느낌을 받았습니다. 그 청년 전도자의 기도대로, 그 장면은 하나님 나라가 무엇인지를 선명하게 보여 주었습니다. 그 장면을 지금도 잊을 수 없습니다. 발 씻김을 받은 그곳 주민들에게도 감동이었겠지만, 발을 씻겨 준 선교단원들에게도 감동의 사건이었습니다. 섬긴다는 것이 무엇인지, 사랑한다는 것이 무엇인지, 하나님 나라가 무엇인지가 그 행동 안에 모두 담겨 있었습니다. 전도자의 불을 뿜는 설교보다 말

없는 발 씻김의 행동이 그 메시지를 더 깊이 각인시켰을 것입니다.

그때 저는 수없이 읽어서 잘 알고 있다고 생각했던 예수님의 세족 이야기를 새롭게 보게 되었습니다. 예수께서 돌아가시기 전에 제자들과 마지막 식사를 나누실 때 제자들의 발을 씻어 주신 사건은 감동적입니다. 하지만 그것은 감동을 주는 것으로 끝나지 않습니다. 복음의 핵심이 거기에 담겨 있습니다. 예수님의 사상과 삶의 요체가 이 사건 안에 담겨 있습니다. 그분이 제자들에게 주고자 했던 메시지가 이 사건 안에 담겨 있습니다. 십자가의 메시지가 이 사건 안에 극화되어 있다고 할 수 있습니다. 그래서 세족식이 성례전으로 인정되지 못한 것을 아쉬워하는 사람들이 적지 않으며, 적어도 일 년에 한두 번 세족식을 행하는 교회들이 점점 늘어나고 있습니다.

이 책은 요한복음 13장에 나오는 세족 이야기의 의미를 여러 각도에서 묵상한 연속 설교를 묶은 것입니다. 마지막에 나오는 두 편의 설교('너무 늦은 때는 없다'와 '깨어짐이 은혜다')를 제외하고는, 모두 '대야와 수건'이라는 큰 주제로 전한 설교입니다. 생각해 보니, '대야와 수건'은 기독교의 대표 상징인 '십자가'와 같은 메시지를 전하지만, 그것과는 다른 정서를 느끼게 해 줍니다. 십자가가 예수 그리스도를 사랑하고 따르는 사람들이 어떻게 살아야 하는지를 보여 주는 '비일상적 상징'이라면, 대야와 수건은 '일상적 상징'이라 할 수 있습니다. 따라서 이 책에 수록된 설교들은 '섬김의 신학' 혹은 '봉사의 신학'을 다루고 있다 할 수 있습니다. 기독교 신앙의 핵심은 섬김에 있고, 선교는 곧 섬김이며, 교회는 섬김의 공동체입니다. 부디, 이 책이 섬김의 본질에 대해 새롭게 눈뜨게 하고, 새로운 열정을 불어넣을 수 있기를 기도합니다.

2010년 5월 버지니아에서

김영봉

1
사랑받기가 더 어렵다

유월절 전에 예수께서는, 자기가 이 세상을 떠나서 아버지께로 가야 할 때가 된 것을 아시고, 세상에 있는 자기의 사람들을 사랑하시되, 끝까지 사랑하셨다. 저녁을 먹을 때에, 악마가 이미 시몬 가룟의 아들 유다의 마음속에 예수를 팔아넘길 생각을 불어넣었다. 예수께서는, 아버지께서 모든 것을 자기 손에 맡기신 것과 자기가 하나님께로부터 왔다가 하나님께로 돌아간다는 것을 아시고, 잡수시던 자리에서 일어나서, 겉옷을 벗고, 수건을 가져다가 허리에 두르셨다. 그리고 대야에 물을 담아다가, 제자들의 발을 씻기시고, 그 두른 수건으로 닦아 주셨다. 시몬 베드로의 차례가 되었다. 이때에 베드로가 예수께 말하였다. "주님, 주님께서 내 발을 씻기시렵니까?" 예수께서 그에게 대답하셨다. "내가 하는 일을 지금은 네가 알지 못하나, 나중에는 알게 될 것이다." 베드로가 다시 예수께 말하였다. "아닙니다. 내 발은 절대로 씻기지 못하십니다." 예수께서 그에게 말씀하셨다. "내가 너를 씻기지 아니하면, 너는 나와 상관이 없다." 그러자 시몬 베드로는 예수께 이렇게 말하였다. "주님, 내 발뿐만이 아니라, 손과 머리까지도 씻겨 주십시오." 예수께서 그에게 말씀하셨다. "이미 목욕한 사람은 온 몸이 깨끗하니, 발 밖에는 더 씻을 필요가 없다. 너희는 깨끗하다. 그러나, 다 그런 것은 아니다." 예수께서는 자기를 팔아넘길 사람을 알고 계셨다. 그러므로 "너희가 다 깨끗한 것은 아니다" 하고 말씀하신 것이다. (요한복음 13:1-11)

1

여러분은 도움을 주는 것과 도움을 받는 것 중 어느 것이 더 어렵다고 생각하십니까? 예수님은 "주는 것이 받는 것보다 더 복이 있다"(행 20:35)고 말씀하신 적이 있는데, 둘 중에서 무엇이 더 어려울까요? 얼른 생각하면, 주는 것이 더 어려울 거라는 느낌이 옵니다. 실제로, 자신의 것을 다른 사람에게 주는 것을 매우 어렵게 느끼는 사람들이 있습니다. 이기심으로 똘똘 뭉쳐 있는 사람들에게는 주는 것이 죽는 것보다 더 어렵게 느껴집니다. 그런 사람들은 거의 병적으로 자기 것에 집착하는 사람들이니 일단 접어 둡시다. 그냥 보통 사람들, 마음에 웬만한 감동이 있으면 즐겨 손을 내밀어서 주기를 마다하지 않는 사람들을 생각해 봅시다. 그런 사람들에게 있어, 주는 것과 받는 것 중에서 어느 것이 더 어렵겠습니까?

만일 받는 것이 주는 것보다 훨씬 더 쉬운 일이라고 생각하는 분이 있다면, 그분은 아마도 도움을 받아 본 일이 별로 없는 사람일 것입니다. 저는 많지도 않았던 전세금을 달러로 바꾸어 미국으로 와서 유학생활을 하면서, 몇 년 동안 무력하게 도움을 받는 처지에 있었습니다. 도움을 주는 사람도 여러 부류여서, 물질적인 도움을 통해 위로와 용기까지 주는 사람도 있고, 물질적인 도움을 주면서 받는 사람을 비참하게 하는 사람도 있습니다. 그런 비참한 느낌을 견디면서도 어쩔 수 없이 그 도움을 받아야 할 때는 참으로 고통스럽습니다. 낯선 사람이 주는 도움이라면 사양하고 차라리 굶겠지만, 도움의 손길을 내민 사람의 낯 때문에 그럴 수도 없는 경우가 있습니다. 그럴 경우, 받는 것은 정말 죽기보다 어렵게 느껴집니다. 한시바삐 이 상황을 탈피하여 나도 주는 자의 입장에 서 보고 싶은 마음이 간절해집니다.

그런데 그 과정이 저 자신에게 아주 좋은 영적 훈련이었다는 사실을 나중에서야 깨달았습니다. 유학생활 중에 저는, 줄 줄만 알고 절대 받지는 않는 어느 교우를 알게 되었습니다. 그분은 아주 열심 있는 신자요, 근면하게 일하는 분이요, 많은 재산을 모은 분입니다. 그분은 마음도 너그러워서, 이웃의 어려움을 보면 서슴지 않고 도움의 손길을 내미는 분입니다. 그런데 문제가 하나 있었습니다. 절대로 다른 사람에게서 도움을 받지 않으려 합니다. 어쩌다가 감사의 표시로 작은 선물을 드려도 받는 법이 없습니다. 어쩔 수 없이 받으면, 더 큰 것으로 즉시 되갚습니다. 그러니까 그분과 만나면 일방적으로 받기만 해야 합니다. 염치없이 이익을 탐하는 사람이라면 그런 분과 사귀는 것을 원하겠지만, 정상적인 인간관계는 그래서는 안됩니다. 줄 때도 있고, 받을 때도 있어야 합니다.

그분을 뵙고 나서야 저는 "받지 못하는 것도 큰 병이구나!" 하는 생각을 했습니다. 받지 못하는 이유는 여러 가지입니다. 결코 다른 사람의 신세를 지지 않겠다는 자존심 때문이기도 합니다. 혹은 "나는 늘 베푸는 사람"이라는 자기 공명심이 원인이 되기도 합니다. 이 모든 경우에 공통적인 것은 유난히 강한 자아(ego)가 그 뿌리에 있다는 사실입니다. 믿는다고는 하지만, 하나님 앞에서 자아를 포기하지 못한 것입니다. 신앙생활을 하면서 신앙으로 자아를 더욱 키우는 사람들이 있습니다. 그런 경우, 신앙이 강해질수록 더욱 독선적이고 위선적으로 변해 갑니다. 참된 신앙은 하나님 앞에서 자아를 포기하는 것입니다. 예수 그리스도와 함께 자아를 십자가에 못 박는 일입니다. 그렇게 되면 비로소 우리는 예수 그리스도의 성품으로 변해 가고 성장해 갑니다.

자아를 포기하지 않은 사람에게 있어서, 받는 일은 참으로 고통스러운 일이며 주는 일은 매우 위험한 일입니다. 받는 일이 고통스러운 이유는, 다른 사람의 도움을 받을 때 자아가 손상을 입기 때문입니다. 주는 일이 위험한 이유는, 그 일을 통해 자아가 더욱 강해지기 때문이요 "나는 의롭게 살고 있다"는 의식이 더 강해지기 때문입니다. 우리의 이기적이고 병든 자아를 하나님 앞에서 내려놓지 않으면, 주는 일이나 받는 일이나 모두 우리에게 해롭게 작용합니다.

바로 이런 까닭에 헨리 나우웬(Henri Nouwen)은 "받는 것은 좋은 영적 훈련이다"라고 말한 적이 있습니다. 물론 이 말은 염치없이 받기만 하는 것이 좋은 일이라는 뜻은 아닙니다. 참된 믿음 안에서 자아를 포기한 사람들은, 받는 훈련을 통해서 다시 살아나려는 자아를 깨닫게 되고 겸손하게 됩니다. 나 자신이 내 삶의 주인이 아니라,

하나님의 공급하심에 의지하고 사는 유약한 존재임을 다시 확인합니다. 이런 면에서, 주는 것이 받는 것보다 어렵습니다만, 겸손히 받는 것은 우리의 영성에 큰 도움을 줄 수 있습니다. 그렇게 받아 본 사람이라야 제대로 줄 수 있습니다. 그런 사람이라야 다른 사람에게 물질적인 도움을 주면서 위로와 용기까지 선사해 줄 수 있습니다.

2

이 책에서 묵상하게 될 이야기, 곧 제자들의 발을 씻어 주신 예수님의 이야기는 주는 것과 받는 것의 문제를 깊이 생각하게 합니다. 여기서 예수님은 모든 것을 주는 분, 아낌없이 주는 분으로 나와 있습니다. 1절은 이렇게 말합니다. "유월절 전에 예수께서는, 자기가 이 세상을 떠나서 아버지께로 가야 할 때가 된 것을 아시고, 세상에 있는 자기의 사람들을 사랑하시되, 끝까지 사랑하셨다." 마지막에 나오는 "끝까지 사랑하셨다"는 말은 두 가지 의미로 풀 수 있습니다. 하나는 "마지막 순간까지 사랑하셨다"는 뜻이고, 다른 하나는 "마지막 한 방울까지 다 퍼 주도록 사랑하셨다"는 뜻입니다. 실로, 예수님은 제자들을 사랑하시되, 목숨이 다하는 순간까지 당신의 마음 전부를 드려 사랑하셨습니다.

그 한없는 사랑을 드러내시기 위해 예수님은 제자들의 발을 씻어 주십니다. 4절 이하에 보니, 예수님은 제자들과 한참 음식을 들고 계시다가 갑자기 자리에서 일어나셔서 겉옷을 벗고 수건을 가져다가 허리에 두르셨습니다. 그리고 대야에 물을 담아다가 제자들의 발을 씻기시고 그 두른 수건으로 닦아 주셨습니다. 중동 지방에서는 손님이 집에 찾아오면, 발 씻을 물을 제공하는 것이 예의였습니다. 그 집에 노예가 있으면, 그를 시켜 손님의 발을 씻어 주게 했습니다. 땀과 먼지로 범벅이 된 다른 사람의 발을 씻는 것은 노예에게조차 쉽지 않은 일이었습니다. 지금 그 일을 예수님께서 하고 계신 것입니다. 겉옷을 벗고 수건을 허리에 둘렀을 때, 예수님은 노예의 위치로 스스로 내려앉으신 것입니다.

여기서 한 가지 의문이 듭니다. "예수님과 제자들은 왜 이때까지 발을 씻지 않고 있었나?"라는 질문입니다. 보통 때라면 그랬을 리가 없습니다. 만일 식사를 시작하기 전에 이미 발을 씻었다면, 예수님은 아마 씻은 발을 다시 한 번 '헹구는' 일을 한 것입니다. 그렇다면 예수님은 일종의 퍼포먼스(performance)를 한 것입니다. 나쁘게 말하자면, 일종의 '쇼'를 한 것입니다. 그러나 당시의 경황으로 볼 때, 예수님과 제자들이 보통 때처럼 모든 예를 갖추어 행동하기는 힘들었을 것입니다. 다른 세 복음서에 보면, 이 마지막 저녁 식사를 얼마나 치밀하게 준비했는지를 알 수 있습니다. 알지 못할 위기감 때문에 예수님과 제자들은 긴장해 있었습니다. 어렵사리 마련한 비밀 다락방에 모였을 때, 그들에게는 발 씻을 겨를도 없었을 것입니다. 그러니 제자들의 발을 씻어 주신 예수님의 행동은 단순한 쇼가 아니라, 실제로 노예가 할 일을 자처하여 행한 것입니다.

이렇게 생각하고 나면, 또 다른 의문이 듭니다. "왜 예수님은 이런 행동을 하셨을까?" 하는 것입니다. 예수님의 제자 중 베드로도 이런 의문을 가지고 있었습니다. 6절에 보니, 베드로의 차례가 되어 예수님이 그에게로 다가오시자 베드로가 "주님, 주님께서 내 발을 씻기시렵니까?"라고 묻습니다. 이것은 사실 질문이 아닙니다. 이 말의 뜻은 이런 것입니다. "주님, 이러지 마십시오. 어떻게 주님께서 종의 발을 씻어 주십니까? 종이 주님의 발을 씻어 드려야지요. 제 발은 씻길 수 없습니다!" 그러자 예수님이 대답하십니다. 7절입니다. "내가 하는 일을 지금은 네가 알지 못하나, 나중에는 알게 될 것이다."

"나중"이라는 말은 언제를 가리킵니까? 예수님이 십자가에 달려 돌아가시고 부활하신 이후를 가리킵니다. 이 말씀은, 예수님을 제대로 알려면 그분의 십자가와 부활을 제대로 알아야 한다는 뜻입니다. 실제로 제자들은 이때까지 예수님을 온전히 알지 못했습니다. 그랬기에 그분이 십자가에 달려 죽임을 당하실 때, 모두가 뿔뿔이 흩어져 버렸습니다. 메시아가 십자가에 달려 죽는다는 것은 상상도 할 수 없는 일이었습니다. 하지만 부활하신 예수님께서 제자들을 만나 주셨을 때, 그들은 마음의 눈이 활짝 열렸습니다. 예수님이 실로 메시아이심을 알게 되었습니다. 참된 메시아는 낮아져서 섬기고 자신의 목숨을 주기까지 희생하시는 분임을 알았습니다. 그렇게 당신의 모든 것을 바쳐 섬기자, 하나님께서 그분을 높여 주셨음을 깨달았습니다. 그제야 제자들은 왜 예수님이 마지막 저녁 식사 자리에서 그들의 발을 씻어 주셨는지를 알 수 있었습니다. 그분은 그 행동으로 그들을 위해 모든 것을 다 퍼 주는 사랑을 몸소 보여 주셨던 것입니다.

3

이렇게 대답하시면서, 예수님은 베드로에게 발을 내어놓으라고 요청하십니다. 하지만 베드로는 쉽게 물러서지 않습니다. 8절을 보니, 이렇게 말합니다. "아닙니다. 내 발은 절대로 씻기지 못하십니다." 무슨 이유가 되었든, 자신의 발을 허락할 수 없다는 뜻입니다. 이렇게 완강하게 거부하는 베드로에게 예수님은 "내가 너를 씻기지 아니하면, 너는 나와 상관이 없다"고 답하십니다(8절). 여기에 쓰인 헬라어를 직역하면, "내가 너를 씻기지 아니하면, 너는 내 안에 들 수 없다"가 됩니다. 영어로 하자면, "Unless I wash you, you have no part in me"가 됩니다. 따라서 여기서 예수님은 매우 심각한 말씀을 하고 계십니다. 만일 발을 씻기도록 허락하지 않으면, 베드로는 마치 나무줄기로부터 떨어져 나간 나뭇가지처럼, 예수님과 아무 상관 없는 존재가 되고 만다는 것입니다. 반면, 발을 씻기도록 허락하면, 베드로는 마치 줄기에 든든히 연결되어 있는 나뭇가지처럼, 예수님과 하나가 된다는 것입니다.

도대체 발을 씻기는 것이 뭐길래, 예수님은 거기에 이렇게 엄청난 의미를 부여하시는 것일까요? 예수님은 발 씻김을 통해, 당신이 종처럼 낮아져 그들을 섬기러 왔음을 상징하셨습니다. 예수님의 손에 겸손히 발을 내어드리고 씻김을 받는 행동은, 그분이 십자가에서 죽기까지 희생하면서 보여 주신 사랑을 받아들이는 것입니다. 반면, 예수님의 손길을 피하는 것은, 그분이 자신의 모든 것을 희생하여 보여 주신 사랑을 거부한다는 뜻입니다. 거부하는 이유가 무엇이든 상관없이, 그 사랑을 거부하면 그분과 상관없는 사람이 되고 맙니다. 그러므로 예수님은 베드로에게 "내가 너를 위해 십자가에서 희생당할 텐데, 지금 내가 네 발을 씻어 주는 것은 그 사랑을 표현하는 것이다. 그 사랑을 받아들여라. 만일 그 사랑을 받아들이지 않으면, 너는 나와 아무 상관이 없다"라고 말씀하고 있는 것입니다.

이 말씀을 들은 베드로는 말뜻을 제대로 알아차리지 못합니다. 그러고는 갑자기 태도를 바꾸어 이렇게 말합니다. 9절입니다. "주님, 내 발뿐만이 아니라, 손과 머리까지도 씻겨 주십시오." 감정적이고 즉흥적인 베드로의 성격이 극명하게 드러나는 대목입니다. 베드로의 생각을 짐작할 수 있겠습니까? 이런 것입니다. "만일 발을 씻기도록 맡김으로 주님과 하나될 수 있다면, 손과 머리까지 다 씻김을 받으면 얼마나 더 친밀해지겠는가?" 다른 제자들보다 더 앞서고 싶은 그의 욕심이 여기서도 엿보입니다.

그러자 예수님께서 답하십니다. 10절입니다. "이미 목욕한 사람은 온 몸이 깨끗하니, 발 밖에는 더 씻을 필요가 없다. 너희는 깨끗하다. 그러나, 다 그런 것은 아니다." 무슨 말씀입니까? 지금 예수님이 말씀하려는 것은 "얼마나 많이 씻느냐?"라는 것이 아니라는 뜻입니다. 더 많이 씻는다고 해서 더 나아지는 것도, 덜 씻는다고 해서 해로운 것도 아닙니다. 굳이 발을 씻기도록 맡기라고 요청하는 이유는 예수님이 종처럼 낮아져서 보여 주신 사랑을 받아들이라는 것입니다. 그것으로 충분합니다. 그 사랑을 받아들이면, 그 사람은 비로소 예수의 제자가 됩니다. 예수와 상관이 있게 됩니다. 영어로 표현하자면 이렇습니다. "He or she has a part in Jesus!"

4

예수님이 그렇게 모든 것을 주실 수 있었던 것은, 그분 자신이 하나님께로부터 모든 것을 받으셨기 때문입니다. 3절에서 말하고 있는 것이 바로 그것입니다. "예수께서는, 아버지께서 모든 것을 자기 손에 맡기신 것과 자기가 하나님께로부터 왔다가 하나님께로 돌아간다는 것을 아시고"라고 말씀합니다. 여기서 '아셨다'는 말은 머리로 알았다는 것이 아닙니다. 삶으로, 체험으로 확인했다는 뜻입니다. 죽음을 마주한 이 시점에서 예수님은 그 사실을 다시 한 번 확인하시고, 일어나 제자들의 발을 씻어 주기 시작하십니다. 하나님 아버지께서 당신에게 주신 모든 것을, 제자들을 위해 쏟아붓고 가시려는 뜻을 전하기 위함이었습니다. 비록 지금은 그 뜻을 알 수 없으나, 당신이 십자가에서 죽고 다시 부활하신 다음에는 그 뜻을 알아차릴 것으로 알고 이렇게 행동하신 것입니다. 그러므로 제자들은 예수님을 우직하게 믿고, 그분의 초청을 받아들여야 했습니다. 그분의 손에 자신의 발을 맡기기만 하면 되는 것이었습니다.

이 말씀은 오늘 우리에게도 매우 중요합니다. 오늘도 영적으로 우리와 함께하시는 예수님은 우리 각자를 찾아와 "네 발을 내 손에 맡기라"고 요청합니다. 우리는 예수님의 십자가의 희생도 알고, 그분의 부활도 압니다. 그렇기 때문에 "네 발을 내 손에 맡기라"는 말씀이 무슨 뜻인지, 베드로보다는 더 잘 알고 있습니다. 그 뜻은 이런 것입니다. "십자가 위에서 내 모든 것을 바쳐 너를 위한 하나님의 사랑을 보여 주었다. 내가 네 발을 씻어 줌으로 그 사랑을 전해 주고 싶다. 그러니 네 발을 내 손에 맡기라. 십자가에서 드러난 하나님의 사랑을 받아들이라. 하나님은 너를 그토록 사랑하신다. 그 사랑을, 너를 위한 사랑을 받아들이라."

여러분은 어떻게 응답하시겠습니까? 여러분 중에는 이미 그분에게 발을 맡겨 씻김을 받고 그 은혜에 감사하며 사는 분들이 있으실 것입니다. 여러분, 예수 그리스도를 통해 드러난 그 놀라운 사랑을 잊지 않도록, 무릎 꿇고 여러분의 발을 어루만지고 계시는 주님을 늘 생각합시다. 여기, 우리 마음에 새길 수 있도록 좋은 그림 하나를 보여 드리겠습니다.

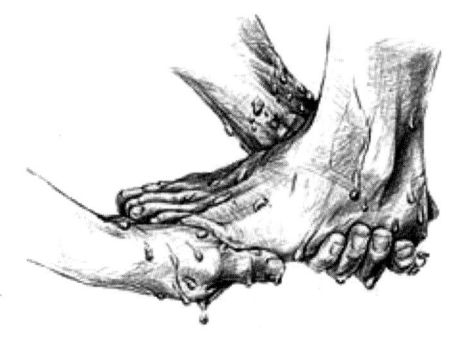

이 모습을 기억하고 있는 한, 우리의 마음에는 하나님께 대한 감사와 찬양이 메마르지 않을 것입니다. 그리고 그 감사의 마음은 우리로 하여금 값없이 주도록, 넘치도록 받은 사람으로서 다른 사람들에게 넘치도록 줄 수 있도록 이끌어 줄 것입니다.

여러분 중에는, 이유는 다를지 모르지만 베드로처럼 발을 뒤로 빼면서 예수님의 손길을 거부해 온 분들이 있을지 모르겠습니다. 사실, 나의 더러운 발을 낯선 사람의 손에 맡기는 것은 매우 거북하고 불편한 일입니다. 자존심 상하는 일입니다. 자신의 부끄러운 모습을 다른 사람에게 드러내고 싶은 사람은 별로 없습니다. 그렇기 때문에 그 손길을 뿌리치고 싶은 것입니다. 다시 말하자면, 깊이깊이 감추어 온 마음의 참 모습을 하나님께 열어 보이는 것이 불편한 겁니다. 더럽고 무질서하고 찢겨져 있고 상처 나 있는 마음을 누군가에게 열어 보이는 것은 불편한 일입니다. 그냥 꼭꼭 걸어 잠그고, 나만 알고 그대로 살다가 죽으면 그만 아닌가 하는 생각도 드는 겁니다.

하지만 그것은 스스로를 죽이는 일입니다. 하나님은 여러분의 마음을 여러분 자신보다 더 잘, 더 세밀하게, 더 정확하게 알고 계십니다. 그분에게 감출 수 있는 것은 아무것도 없습니다. 이미 다 드러났습니다. 그러니 무엇을 두려워하십니까? 결국, 문제는 자존심입니다. 하나님 앞에서까지 자존심을 버리기 꺼리는 것은 우리의 타락한 본성입니다. 하나님 앞에서 자존심을 내어놓는 것이 실은 진정한 자존심을 찾는 길인데, 그것을 인정하기 어렵습니다.

여러분의 자아를 하나님께 내려놓으시기 바랍니다. 그리고 십자가에서 드러난 주님의 사랑을 겸손히 받아들이기 바랍니다. "오, 주님, 제가 주님 앞에 항복합니다. 주님의 손에 저를 맡깁니다. 주님의 사랑에 제가 항복합니다"라고 고백하시기 바랍니다.

혹은 베드로처럼, 이해가 되지 않아서 예수님의 손길을 피하고 있는 분이 있으실 것입니다. "하나님의 아들이 육신을 입고 온다는 것이 말이나 되는가? 하나님의 아들이 십자가에 달려 죽음으로 하나님의 사랑을 드러냈다는 것이 말이 되는가? 십자가에서 드러난 그 사랑이 바로 나를 위한 것이라는 것이 말이 되는가? 어떻게 한 사람의 희생이 가고 오는 모든 인류의 구원을 위한 값이 될 수 있는가?" 이런 질문들이 얽히고설켜, 도대체 예수님의 손에 발을 내어줄 마음이 생기지 않는 분들이 있으실 것입니다.

예수님에게 발 씻김을 받은 열두 제자들 가운데 그 뜻을 이해하고 발을 내민 사람은 아무도 없었음을 기억하시기 바랍니다. 2천 년의 기독교 역사를 거쳐 오면서, 위에서 제기한 질문들을 말끔히 해결하고 믿기로 작정한 사람은 하나도 없었음을 기억하시기 바랍니다. 바울 사도는 "우리는 믿음으로 살아가지, 보는 것으로 살아가지 아니합니다"라고 고백한 적이 있습니다(고후 5:7). 위에서 제기한 질문들은 믿음으로만 해답을 얻을 수 있습니다. 그 해답은 말로 설명할 수 없습니다. 마음으로 깨달을 수 있을 뿐입니다. 그러므로 이 부분에 대해서는 저의 경험을 바탕으로 그리고 구름 떼처럼 많은 사람들의 경험을 바탕으로 청할 수밖에 없습니다. 제자들이 예수님을 믿고 발을 내민 것처럼, 여러분도 예수님을 믿고 자신을 맡겨 보시기 바랍니다. 그분의 손길이 여러분의 마음을 만질 때, 마음을 사로잡고 있던 의문들이 사라지며, 깊은 평안과 안식과 위로를 얻게 될 것입니다.

5

저는 앞에서 "받는 것은 좋은 영적 훈련이다"라는 헨리 나우웬의 말을 인용했습니다. 또한 "주는 것보다 받는 것이 더 어렵다"고 말씀드렸습니다. 하나님의 사랑에 마음을 열고 그 사랑을 받아들이는 것이야말로 가장 어려운 일입니다. 하지만 받는 훈련 중에서도 우리에게 가장 중요한 것은 하나님의 사랑을 받는 일입니다. 예수 그리스도를 통해 드러난 하나님의 사랑, 십자가 위에서 결정처럼 드러난 하나님의 사랑, 그리고 우리의 이웃을 통해 내게 전해지는 하나님의 사랑 앞에 겸손히 마음을 열고 그 사랑을 감사히 받아들이는 것은 참으로 어려운 일이며 가장 중요한 일입니다. 어려운 일인 이유는 우리의 자아를 다 내어놓아야 하기 때문이며, 가장 중요한 일인 이유는 그것이 아니고는 우리가 예수 그리스도와 상관할 수 없기 때문입니다. 예수 그리스도와 상관할 수 없다는 말은 하나님과 영영 분리되어 살아간다는 뜻입니다. 그렇게 살아가는 것은 이미 죽은 것이나 다름없는, 희망 없는 삶입니다.

지금, 우리 곁에 오셔서 발을 내밀라고 하시는 예수님의 영적 현존이 느껴지지 않습니까? 어떻게 하시겠습니까? 그 사랑을 받아들이지 않겠습니까? 마치 어머니처럼, 우리의 냄새나고 더러운 발을 어루만지시며 씻어 주시고 보듬어 주시는 주님의 따뜻한 손길을 경험해 보고 싶지 않으십니까? 그리하여 그분의 사랑으로 치료되고 회복되어, 우리도 그 같은 사랑을 다른 사람에게 전해 보고 싶지 않으십니까? 다시 한 번 십자가를 바라봅시다. 십자가는 우리를 향해 내미신 예수님의 손입니다. 그 손에 우리의 발을 내맡깁시다. 마음에 있는 모든 질문과 의문을 접어 두고, 마음에서 일어나는 모든 감정을 제쳐 두고, 일단 우리를 맡깁시다. 거룩한 하나님의 아들과 연결되어 그분으로부터 생명을 얻는 길은, 그 외에는 있지 않습니다.

주님,
저희를 도우시어
자아를 주님 앞에 내려놓고
십자가에서 드러내신 주님의 사랑을 받아들이게 하소서.
주님의 손에 냄새나고 더러운 발을 내드릴 수 있는 용기를 주소서.
더러운 발을 씻으시고 어루만지시는 주님의 손길을
항상 기억하게 하소서.
주님의 사랑을 받아 치료받고 회복되어
저희도 참다운 사랑을 나누게 하소서.
아멘.

2
당해 보아야 안다

유월절 전에 예수께서는, 자기가 이 세상을 떠나서 아버지께로 가야 할 때가 된 것을 아시고, 세상에 있는 자기의 사람들을 사랑하시되, 끝까지 사랑하셨다. 저녁을 먹을 때에, 악마가 이미 시몬 가룟의 아들 유다의 마음속에 예수를 팔아넘길 생각을 불어넣었다. 예수께서는, 아버지께서 모든 것을 자기 손에 맡기신 것과 자기가 하나님께로부터 왔다가 하나님께로 돌아간다는 것을 아시고, 잡수시던 자리에서 일어나서, 겉옷을 벗고, 수건을 가져다가 허리에 두르셨다. 그리고 대야에 물을 담아다가, 제자들의 발을 씻기시고, 그 두른 수건으로 닦아주셨다. 시몬 베드로의 차례가 되었다. 이때에 베드로가 예수께 말하였다. "주님, 주님께서 내 발을 씻기시렵니까?" 예수께서 그에게 대답하셨다. "내가 하는 일을 지금은 네가 알지 못하나, 나중에는 알게 될 것이다." 베드로가 다시 예수께 말하였다. "아닙니다. 내 발은 절대로 씻기지 못하십니다." 예수께서 그에게 말씀하셨다. "내가 너를 씻기지 아니하면, 너는 나와 상관이 없다." 그러자 시몬 베드로는 예수께 이렇게 말하였다. "주님, 내 발뿐만이 아니라, 손과 머리까지도 씻겨 주십시오." 예수께서 그에게 말씀하셨다. "이미 목욕한 사람은 온 몸이 깨끗하니, 발 밖에는 더 씻을 필요가 없다. 너희는 깨끗하다. 그러나, 다 그런 것은 아니다." 예수께서는 자기를 팔아넘길 사람을 알고 계셨다. 그러므로 "너희가 다 깨끗한 것은 아니다" 하고 말씀하신 것이다. (요한복음 13:1-11)

여러분 안에 이 마음을 품으십시오. 그것은 곧 그리스도 예수의 마음이기도 합니다. 그는 하나님의 모습을 지니셨으나, 하나님과 동등함을 당연하게 생각하지 않으시고, 오히려 자기를 비워서 종의 모습을 취하시고, 사람과 같이 되셨습니다. 그는 사람의 모양으로 나타나셔서, 자기를 낮추시고, 죽기까지 순종하셨으니, 곧 십자가에 죽기까지 하셨습니다. 그러므로 하나님께서는 그를 지극히 높이시고, 모든 이름 위에 뛰어난 이름을 그에게 주셨습니다. 그리하여 하늘과 땅 위와 땅 아래 있는 모든 것들이 예수의 이름 앞에 무릎을 꿇고, 모두가 예수 그리스도는 주님이시라고 고백하여, 하나님 아버지께 영광을 돌리게 하셨습니다. (빌립보서 2:5-11)

1

꽤 지난 이야기입니다만, 한국의 어느 국회의원이 쌀 개방에 반대하는 발언을 하던 중에 던진 한 마디가 명문장으로 기억되어 있습니다. 그 문장은 이렇습니다. "현명한 사람은 들으면 알고, 똑똑한 사람은 보면 알지만, 미련한 사람은 당해야만 안다." 쌀 개방을 통해 국민이 고통당하는 것을 보아야만 그것이 얼마나 해로운 것인지를 알겠다면, 대한민국 국회의원들은 모두 미련한 사람들이라는 뜻입니다.

정말 공감이 가는 명문장입니다. 하지만 아무리 현명한 사람이라도 당하지 않고는 알 수 없는 것들이 있습니다. 아니, 아무리 현명하고 똑똑한 사람이라 하더라도, 실제로 당해 보아야만 그 진실을 제대로 알 수 있는 법입니다. 그래서 한자로 '체득'(體得)이라는 말을 사용합니다. 몸으로 깨달아 안다는 말입니다. 어떻게 하는 것이 몸으로 깨닫는 것입니까? 당해 보는 것입니다.

가만히 생각해 보면, 인생에 있어서 중요한 것들은 모두 당해야만 알 수 있는 것이거나, 당해 보아야만 '제대로' 알 수 있는 것입니다. 당하기 전에 다 알 수 있다면, 우리는 실수도 없고 실패도 없이 탄탄대로를 걸어갈 수 있을 것입니다. 물론 탄탄대로를 걷는 것은 고통이 적은 만큼 재미도 적습니다. 재미로 고통을 겪는 것은 아니지만, 알지 못해서 당하는 고난은 우리에게 큰 교훈을 주며, 그 교훈을 잘 소화하면 인생은 한 단계 도약하게 됩니다.

사랑도 마찬가지입니다. 사랑 당해 보지 않고는 사랑이 무엇인지 알지 못한다는 말입니다. 제가 "사랑받아 보지 않고는"이라고 말하지 않고, "사랑 당해 보지 않고는"이라고 표현한 것에 주목하기 바랍니다. 사랑은 물건이 아니므로, 줄 수 있는 것도 받을 수 있는 것도 아닙니다. 사랑은 "주는" 것이 아니라 "하는" 것이고, 따라서 "받는" 것이 아니라 "당하는" 것입니다. 경험하는 것입니다. 체득하는 것입니다.

2

많은 사람들이 사랑에 자신감을 보입니다. 사랑하는 일에 있어서 다른 사람만 못할 것이 없다고 생각합니다. 사랑이 무엇인지 알고 있고, 어떻게 사랑해야 하는지도 알고 있다고 생각합니다. 그러나 대개의 경우, 그 자신감은 착각일 뿐입니다. 진짜 사랑이 무엇인지 모르고 하는 말입니다. 자신이 사랑이라고 이름 짓는 것이 실은 자신의 욕심임을 외면하고 하는 말입니다.

사람들이 가지고 있던 "사랑의 자만심"은 인간관계가 점차 넓어지고 복잡해지면서 꺾이기 시작합니다. 처음에는 아내를 사랑한다고 생각합니다. (제가 남편이니 남편 입장에서만 말하겠습니다.) 하지만 시간이 지나면서 아내에 대한 나의 사랑은 나 자신의 욕망과 고집과 이기심의 한계를 벗어나지 못하는, 초라하기 짝이 없는 것임을 알게 됩니다. 아내가 그 한계를 벗어났다고 생각하는 순간, 내게 있다고 생각했던 사랑이 어느새 증발되어 버리는 것을 발견합니다. 아내가 내 비위를 맞춰 주고 감정을 흔들지 않는 한, 나는 사랑을 잘하고 있으며, 때로 "나 같은 남편 있으면 나오라고 해"라고 생각하곤 합니다. 자식들을 생각해서 혹은 시끄러워지는 것이 싫어서 참고 비위를 맞춰 주고 있는 아내에게 내가 얼마나 모순투성이의 폭군인지는, 꿈에도 생각하지 못하고 착각 속에서 살아갑니다.

자녀들에 대한 사랑도 그들에 대한 나의 기대와 욕심의 한계를 넘어서지 못합니다. 아이가 그 한계를 넘어서는 순간, 사랑이라고 생각했던 것이 사라져 버립니다. 진정한 사랑이란 아이가 한계를 넘어설 때 더 필요한 것이건만, 종종 우리 부모들은 그 한계를 넘어설 때가 사랑을 철회할 때라고 생각합니다. 사랑은 아이가 잘할 때 그 대가로 줄 만한 선물이라고 생각합니다. 다행히, 아이들이 고분고분하여 부모가 설정해 놓은 기준을 넘지 않으면, 그 부모는 제법 사랑을 잘하고 있다고 착각하게 됩니다. 하지만 그 기준을 지키기 위해 고군분투하며 부모의 눈치를 살피는 자식의 마음에는 그것이 사랑이 아니라 폭력으로 느껴지고, 한겨울 밤에 눈이 쌓이듯 분노가 마음에 쌓여 갑니다.

"사랑의 자만심"은 사회생활 속에서 더 무참하게 깨어집니다.

어릴 때는 가까이하기 싫은 사람들은 피하고, 좋아 보이는 사람들을 찾아 친구 삼아 지냅니다. 그 친구들에게 잘해 주고 그 친구들로부터 인정을 받으면, 우리는 사랑에 자신감을 느낍니다. 하지만 머지않아 원수와 함께 춤을 추어야 할 때가 옵니다. 끊임없이 심사를 자극하는 동료와 같은 사무실에서 일해야 할 경우가 있습니다. 아무 이유도 없이 나를 험담하고 다니는 사람들과 한솥밥을 먹어야 하는 경우가 있습니다. 자신의 변덕스러운 기분대로 수시로 괴롭히는 상사 밑에서 일해야 하는 경우도 있습니다. 기준에 미달하는 부하 직원을 견뎌야 하는 경우도 있습니다. 그럴 때 우리는 하루에도 몇 번씩 사랑의 한계를 직면하게 됩니다.

생각이 있는 사람이라면, 이 모든 과정을 거치면서 자신의 사랑의 한계에 절망하게 됩니다. 이렇게 수없이 당하고 나서야, 자신이 사랑이라고 이름 지은 것은 결코 사랑이 아님을 깨닫게 됩니다. 내 기분이 좋을 때에만 너그러워지는 것은 사랑이라고 부를 자격이 없습니다. 하물며, 그런 행동을 두고 "내가 그리스도의 사랑으로 사랑하고 있다"고 말한다면, 그것은 거의 신성모독에 가까운 말입니다. 예수 그리스도의 사랑은, 기분 좋으면 너그럽고 기분 나쁘면 냉정해지는 그런 속좁은 감정이 아닙니다. 그래서 우리는 "나는 사랑에 무능하다!"고 인정할 도리밖에 없습니다.

그렇다면 사랑에 무능한 상태로 그대로 머물러 살아야 하겠습니까? 그럴 수는 없습니다. 사랑 없이 사는 것은 진실로 사는 것이 아님을 알기 때문입니다. 사랑만이 삶의 참된 원동력이고, 사랑만이 삶의 참된 목표이기 때문입니다. 참된 사랑을 알지 못하고 내 기분대로, 내 만족을 위해 살아가는 것은, 단 한 번의 고귀한 인생을 허비하는 것임을 알기 때문입니다. 그래서 저는 사랑을 찾습니다. 제게 있는 것이 사랑이 아님을 알기 때문에, 제가 사랑에 무능력한 사람임을 알기 때문에, 제가 사랑하려고 노력하면 할수록 다른 사람들에게 괴로움만 더해 주는 것을 알기 때문에, 저는 제게 없는 진실한 사랑을 찾습니다. 그 희망을 저는 제 안에서 찾을 수 없습니다. 사랑 자체이신 하나님에게서, 그리고 그 사랑을 전 생애로 드러내신 예수 그리스도에게서만 저는 그 희망을 봅니다.

3

이 장에서는 예수님으로부터 발 씻김을 당하는 제자들의 심정을 한번 헤아려 보려 합니다. 제자들의 심정을 생각하여 이 사건을 이름 짓자면, '제자들, 사랑 당하다!'라고 하면 좋을 것 같습니다. 정말 제자들은 엉겁결에 예수님으로부터 발 씻김을 당했습니다. 베드로만이 잠시 주저하고 거부했을 뿐, 결국은 열두 제자가 모두 몇 마디 말도 하지 못하고 발 씻김을 당하고 말았습니다. 제자들이 느꼈을 당혹감을 상상할 수 있겠습니까? 당시에 제자들이 그들의 스승을 어떻게 생각했고, 다른 사람의 발을 씻어 주는 일이 얼마나 모욕적인 일인지를 모르고는 제자들이 느꼈을 당혹감을 상상하기조차 어렵습니다.

옛날에 우리는 "스승의 그림자도 밟아서는 안된다"고 배웠습니다. 그만큼 스승은 높은 분입니다. 그런데 그 스승이, 노예도 하기 싫어하는 일을 자신들에게 행하고 계신 것입니다. 저는 상상해 봅니다. 이때, 제자들은 경황이 없어 발을 씻지 않고 식사를 시작했다는 사실에 불편함을 느끼고 있었을 것입니다. 그들 중 몇 사람은 "내가 주님의 발을 씻어 드릴까?"라고 생각하기도 했을 것입니다. 그러고 싶은 마음이야 있었겠지만, 그럴 용기는 내지 못했던 것 같습니다. 하지만 "내가 동료들의 발을 씻어 줄까?"라고 생각했던 제자들은 아무도 없었을 것입니다. 누군지 모르지만, "아니, 이 집에는 노예도 없나? 발을 씻지 않고 식사를 하려니, 영 개운치 않네"라고 생각하며 두리번거린 사람도 있었을 것입니다. 다들 먼지와 땀으로 범벅이 되어 가렵고 갑갑한 발가락을 마주 비비면서 불편하게 식사를 하고 있는데, 갑자기 예수님이 일어나 대야를 가져다가 물을 붓고 제자들의 발을 씻어 주기 시작하셨습니다. 그러니 양심이 문드러지지 않고서야, 어찌 당혹감을 느끼지 않았겠습니까?

그러니 말 그대로, "당했다"고 해야 옳습니다. 엉겁결에 그들은 예수님에게 발 씻김을 당했습니다. 발 씻김을 당하면서, 그들은 예수님의 한없는 사랑에 당했습니다. 한 번도 경험해 보지 못했던 놀라운 사랑에 그들은 어안이 벙벙했을 것입니다. 숨도 제대로 쉬지 못했을 것입니다. 분명히 "선생님이 왜 이러시나!"라고 생각하면서 구석에서 눈물짓는 제자도 있었을 것입니다. 너무나 큰 충격이었습니다. 그 사건은 그들의 마음속에 영원히 지워지지 않는 흔적을 남겼습니다. 그 이후로 그들은 예수님을 생각할 때마다 이 장면을 가장 먼저 떠올렸을 것입니다. 그만큼 충격적이었고, 감동적이었으며, 압도적이었고, 인상적이었습니다.

4

제자들은 이렇게 사랑 당하고 나서야 사랑이 뭔지 깨닫기 시작했을 것입니다. 자신들이 그동안 사랑이라고 이름 지었던 것들이 사랑이 아님을 깨닫고, 사랑에 자신 있다고 생각했던 그들의 자만심이 무너졌을 것입니다. 진정한 사랑은 기분 좋을 때 베푸는 호의가 아니라, 자신의 감정과 욕망과 기분과 기대를 내려놓고 상대방을 위해 자신을 내어주는 것임을 깨달았을 것입니다. 그리고 그런 사랑이라면, 자신들의 의지와 감정으로는 도저히 행할 수 없음을 깨달았을 것입니다. 그러나 동시에, 자신들의 발치에 무릎 꿇고 앉아 발을 씻어 주시던 예수님의 모습을 생각할 때마다, 그들은 진정한 사랑이 어떤 것인지를 알 것 같았을 것입니다.

 사실, 제자들의 발을 씻긴 사건은 예수님의 일생 가운데 돌출되어 나온 하나의 사건이 아닙니다. 이 사건은 예수님의 전 생애를 압축하여 보여 주는 하나의 상징이라고 볼 수 있습니다. 많은 성서학자들이 그렇게 생각합니다. 요한복음 13장 1-11절의 본문과 빌립보서 2장 5-11절의 본문은 흥미롭게도 일치하는 부분들이 많이 있습니다. 빌립보서에서 바울 사도는 당시 초대교회 교인들이 지어 부르던 찬송가를 인용합니다. 이 찬송가는 예수님이 어떤 분이셨으며 어떤 일을 하셨는지 그리고 지금은 어떤 상태에 있는지를 요약한 것입니다.

이 찬송가는 "그는 하나님의 모습을 지니셨으나, 하나님과 동등함을 당연하게 생각하지 않으시고"라고 말합니다(6절). 여기에 '당연하게 생각하지 않았다'는 번역은 아주 만족스럽지 못합니다. 오히려 '취할 것으로 여기지 않았다'는 개역성경의 번역이 좋습니다. 이 말씀의 뜻은 이런 것입니다. "예수 그리스도는 신적인 존재이셨으나, 하나님과 같아지는 것을 탈취할 수 있는 것으로 여기지 않으셨다." 여기에 쓰인 헬라어는 도둑질 혹은 강도짓을 의미합니다. 하나님의 자리에까지 올라가는 것을 꿈꾸고 도둑질해서라도 그것을 이루려 했던 많은 영웅들과 예수님은 달랐다는 말입니다.

이어서 그 찬송가는 "오히려 자기를 비워서 종의 모습을 취하시고, 사람과 같이 되셨습니다. 그는 사람의 모양으로 나타나셔서, 자기를 낮추시고, 죽기까지 순종하셨으니, 곧 십자가에 죽기까지 하셨습니다"라고 노래합니다(7-8절). 예수님의 의도는 하나님의 자리에 올라가는 것이 아니라 인간의 자리로 낮아지되, 가장 비천한 사람의 자리로 낮아지는 것이었다는 뜻입니다. 왜 낮아지셨습니까? 다른 사람들을 섬기기 위해서입니다. 어느 한계까지 섬겼습니까? 죽기까지 섬겼습니다. 그분의 섬김에는 한계가 없다는 뜻입니다. 그분에게는 "사랑의 한계"가 없었다는 말입니다.

예수님이 식탁에서 일어나 겉옷을 벗고 수건을 허리에 두르신 것은 "자기를 비워서 종의 모습을 취하"신 행동입니다. 예수님이 대야에 물을 담아 제자들의 발을 씻기신 것은 "자기를 낮추"신 행동입니다. 그렇게 낮추어 다른 사람들을 섬기는 데 한계가 없으셨습니다. 내 감정이 상하기 전까지만 섬기겠다는 우리, 내 권리가 손상되지 않을 정도까지만 섬기겠다는 우리, 내 이익이 손상되지 않을 때까지만 섬기겠다는 우리, 내 체면이 손상되지 않을 때까지만 섬기겠다는 우리, 내 재산에 손실이 생기기 전까지만 섬기겠다는 우리, 내 신상에 피해가 생기기 전까지만 섬기겠다는 우리와는 전혀 다른 분이십니다. 그 모든 한계를 초월하여 목숨을 다 내놓기까지 섬기셨습니다. 그것이 결국 그분을 십자가에 달려 죽게 만들었습니다.

5

빌립보서 2장에 대한 묵상은 우리의 생각을 또 다른 매우 의미심장한 본문으로 이끌어 갑니다. 창세기 3장에 나오는 아담과 하와의 타락 이야기입니다. 하와와 아담은 하나님께서 먹지 말라고 명령하신 선악과를 따 먹었습니다. 두 사람이 선악과를 먹은 이유가 창세기 3장 5절에 나오는데, 다름이 아니라 '하나님과 같아지고 싶어서'였습니다. 인간인 아담과 하와는 하나님처럼 되고 싶어 했습니다. 하나님처럼 되는 것을 훔칠 수 있다고 생각했습니다. 그래서 몰래 선악과를 따 먹었습니다. 그 결과, 원래 창조된 인간의 상태보다도 더 낮은 자리로 전락하고 말았습니다.

여기서 우리는 첫 아담과 둘째 아담 예수 그리스도가 어떻게 다른지를 볼 수 있습니다. 첫 아담은 낮아지기는커녕 한없이 높아지기를 힘썼습니다. 할 수 있는 한 높아져서 많은 사람들을 지배하고 싶었습니다. 그 욕망에는 한계가 없어서, 결국 하나님의 자리까지 넘보았습니다. 그리고 하나님의 자리를 훔칠 수 있다고 생각했습니다. 그로 인해 인간은 인간 이하의 수준으로 전락하게 되었습니다. 그 타락한 본성은 첫 인간 아담에게만 있는 것이 아니라, 인간이면 누구나 가지고 태어나는 본성이 되었습니다. 높아지고, 커지고, 강해지고, 부해지고, 유명해지려는 욕구가 인간 존재 안에 깊이 배어 있습니다. 우리는 더 많은 사람을 지배하려 하고, 더 많이 섬김을 받으려 하고, 더 많이 부리려고 합니다.

그러나 둘째 아담은 우리에게 전혀 다른 길을 보여 주십니다. 그분은 낮아지고, 작아지고, 약해지고, 가난해지고, 잊혀지는 길을 택하셨습니다. 그분은 그렇게 십자가에 달리실 때까지 일관되게 걸어가셨습니다. 그분이 제자들의 발을 씻기신 사건은 그분의 삶의 철학, 삶의 원리를 압축해서 보여 주는 사건입니다. 여기서 우리는 '첫' 아담의, 혹은 '모든' 아담의 삶의 방향을 뒤집어 살아가신 한분을 만나게 됩니다. 첫 아담은 하나님과 같아지는 것을 훔치거나 탈취할 것을 꿈꾸다가 인간 이하의 상태로 전락했는데, 이제 둘째 아담은 반대로 자신을 완전히 비워 가장 낮은 모습으로 사시다가 십자가에 돌아가셨습니다. 그 결과 어떻게 되었습니까? 빌립보서의 찬송가는 계속하여 이렇게 노래합니다.

그러므로 하나님께서는 그를 지극히 높이시고, 모든 이름 위에 뛰어난 이름을 그에게 주셨습니다. 그리하여 하늘과 땅 위와 땅 아래 있는 모든 것들이 예수의 이름 앞에 무릎을 꿇고, 모두가 예수 그리스도는 주님이시라고 고백하여, 하나님 아버지께 영광을 돌리게 하셨습니다(2:9-11).

6

여러분은 예수님을 볼 때 무엇을 보십니까? 예수님을 생각할 때 무엇을 생각하십니까? 다른 것은 보지 못해도 됩니다. 사랑만 볼 수 있다면! 우리가 사랑이라고 부르는 감정과는 전혀 다른, 참된 사랑을 볼 수 있다면, 그것으로 충분합니다. 예루살렘의 어느 허름한 다락방에서 자신들의 발을 씻어 주시는 예수님의 손길을 통해 "사랑 당했던" 제자들처럼, 우리도 예수님을 만나고 그분에게서 드러난 하나님의 그 위대한 사랑에 당하기만 한다면, 다른 것은 아무래도 좋습니다. 그 사랑에 당해 보지 않고는, 예수님에 대해 제아무리 많이 알더라도 별로 도움이 되지 않습니다.

하나님은 사랑에 굶주려 죽어가는 우리 인간을 구원하시기 위해 예수 그리스도를 통해 당신의 사랑을 보여 주셨습니다. 예나 지금이나, 구원의 감격을 경험한 사람들은 예수 그리스도를 통해 드러난 하나님의 사랑에 "당하는" 경험을 한 사람들입니다. 그렇게 사랑에 당하고 나면, 비로소 알게 됩니다. 우리의 사랑이 얼마나 초라한 것인지를 알게 되고, 참된 사랑이 어디에서 오는 것인지를 알게 되며, 그 사랑이 우리의 감정과 어떻게 다른지를 알게 됩니다. 그리고 예수 그리스도의 사랑에 당한 마음만이 사랑할 수 있는 능력을 얻게 됩니다.

제가 섬기는 교회의 어느 성도께서 자신에게 거듭하여 일어났던 고통스러운 일들을 회고하면서, "하나님은 먼저 당한 가슴이 필요하셨던가 봅니다"라고 말씀하는 것을 들은 적이 있습니다. 먼저 아픔을 당하여 그 고통이 어떤 것인지를 아는 사람만이 고통받는 다른 사람을 위로할 수 있기 때문에, 하나님은 "먼저 당한 가슴"을 필요로 하신다는 뜻이었습니다. 저는 그 말을 들으면서, 신학자의 통찰을 시인의 언어로 담아낸 말이다 싶었습니다.

사랑에 있어서도 그렇습니다. 예나 지금이나, 인류에게 가장 필요한 것은 음식도 아니고, 돈도 아니며, 무기는 더더구나 아닙니다. 인류에게 가장 필요한 것은 참된 사랑입니다. 아니, '인류'라고 거창하게 말하지 맙시다. 저와 여러분에게 가장 필요한 것은 사랑입니다. 이 사실을 인정하십니까? 우리 가족들, 우리 자녀들, 우리 친구들, 세상에서 우리가 만나는 모든 사람들에게 진실로 필요한 것은 참된 사랑입니다. 세상 모든 사람들은 유사품 사랑에 속고 질려서 이제는 지쳐 있습니다. 누군가 진실되게 사랑하는 사람이 있어야 합니다. 그런데 우리 자신에게 있는 것은 사랑이 아닙니다. 그러니 어떻게 합니까?

진짜 사랑에 "당해 본 가슴"이 필요합니다. 예수 그리스도를 통해 드러난 하나님의 강력한 사랑에 당해 본 가슴이 필요합니다. 그렇게 당해 본 가슴만이 사랑을 알고 사랑을 할 수 있습니다. 그런 사람만이 이 세상에 진정한 도움을 줄 수 있고, 진정한 희망의 원천이 될 수 있습니다. 그렇지 않고는 사랑을 논하지 말아야 합니다. 사랑을 욕되게 하지 말아야 합니다.

7

예수 그리스도 안에서 드러난 하나님의 사랑에 "당하여" 쓰러질 때까지, 그분을 찾고 사모하고 배우고 따릅시다. 하나님의 사랑이 우리를 찾아와 우리의 마음을 압도할 때까지 우리 자신을 그분께 열고 겸손히 기다립시다. 미국의 저명한 저술가인 프레드릭 뷰크너(Frederick Buechner)는 「통쾌한 희망사전」(*Wishful Thinking*)에서 사랑에 대해 이렇게 말한 바 있습니다.

> 모든 능력 가운데 사랑은 가장 강력하면서 동시에 가장 무력하다. 오직 사랑만이 인간의 마음이라는 최후이자 최고의 난공불락 요새를 정복할 수 있으므로 가장 강력하다. 그러나 상대의 동의 없이는 아무것도 할 수 없으므로 가장 무력하기도 하다.

사랑이 아무리 강력하다 해도, 우리가 그 사랑을 원치 않는 한 혹은 우리 안에 있는 거짓 사랑을 진짜 사랑으로 여기고 만족하는 한, 우리는 사랑과 상관없는 사람이 됩니다. 사랑과 상관이 없으면, 그것은 껍데기 인생을 사는 것입니다. 아무리 많은 것을 성취하고 아무리 많은 것을 누리고 있다 해도, 진실을 속일 수는 없습니다. 참된 사랑이 없는 인생은 오뉴월 나무줄기에 붙어 있는 매미의 껍질 같은 것입니다. 반면, 그 사랑에 당하여 참된 사랑을 경험하면, 우리는 그 무엇도 막을 수 없는 강력한 생의 엔진을 소유한 셈이며, 그 어떤 질병도 치료할 수 있는 영약을 소유한 셈이 됩니다. 그리고 그 사랑으로 비로소 우리는 "사랑의 흉내"라도 낼 수 있게 변할 수 있습니다.

그러니 사랑에 당하도록, 사랑에 당할 때까지, 예수 그리스도 앞에서 무장 해제하고 섭시다. 그분 앞에 겸손히 머리 숙이고 그분의 처분을 기다립시다. 그것 아니고는 희망이 없기 때문입니다.

오, 주님,
주님 앞에서 무슨 변명을 하겠습니까?
저희는 사랑을 모릅니다.
저희는 사랑에 무력합니다.
오, 주님,
주님의 사랑에 당하기를 원합니다.
다시는 잊을 수도, 외면할 수도 없을 만큼
주님의 사랑에 압도되기를 원합니다.
주님,
그렇게 되도록

저희를 무장 해제시키시고
마음의 문을 활짝 열어 주소서.
주님의 사랑에 당할 때까지
주님을 찾는 일에 지치지 않게 하소서.
저희가
주님의 사랑에 먼저 당한 가슴이 되어
그 사랑 또한 전하게 하소서.
아멘.

3
노예의 자리에 서다

예수께서 제자들의 발을 씻겨 주신 뒤에, 옷을 입으시고 식탁에 다시 앉으셔서, 그들에게 말씀하셨다. "내가 너희에게 한 일을 알겠느냐? 너희가 나를 선생님 또는 주님이라고 부르는데, 그것은 옳은 말이다. 내가 사실로 그러하다. 주이며 선생인 내가 너희의 발을 씻겨 주었으니, 너희도 서로 남의 발을 씻겨 주어야 한다. 내가 너희에게 한 것과 같이, 너희도 이렇게 하라고, 내가 본을 보여 준 것이다. 내가 진정으로 진정으로 너희에게 말한다. 종이 주인보다 높지 않으며, 보냄을 받은 사람이 보낸 사람보다 높지 않다. 너희가 이것을 알고 그대로 하면, 복이 있다. 나는 너희 모두를 가리켜서 말하는 것이 아니다. 나는 내가 택한 사람들을 안다. 그러나 '내 빵을 먹는 자가 나를 배반하였다' 한 성경 말씀이 이루어질 것이다. 내가 그 일이 일어나기 전에 너희에게 미리 말하는 것은, 그 일이 일어날 때에, 너희로 하여금 '내가 곧 나'임을 믿게 하려는 것이다. 내가 진정으로 진정으로 너희에게 말한다. 내가 보내는 사람을 영접하는 사람은 나를 영접하는 사람이요, 나를 영접하는 사람은 나를 보내신 분을 영접하는 사람이다." (요한복음 13:12-20)

1

십자가는 예수님 당시 사람들에게 있어서 매우 혐오스러운 물건이었습니다. 오늘날 더 이상 십자가형이 행해지지 않고 있어서, 우리는 그들이 느꼈던 혐오감을 상상할 수 없습니다. 그 혐오감을 어느 정도 상상해 보기 위해 상징을 바꾸어 설명해 보겠습니다. 예수님이 십자가에 달려 돌아가시지 않고 교수형을 당했다고 칩시다. 그러면 오늘날 교회는 예배당 중앙에 이런 상징물을 내걸었을 것입니다.

노예의 자리에 서다

이 상징물을 보게 하고는, "이 교수대가 우리의 구원입니다. 이 교수대가 우리의 희망입니다"라고 말하는 것을 들었다고 칩시다. 아마도 충격 받지 않을 사람은 아무도 없을 것입니다. 설교를 듣기도 전에, 이 그림을 보는 것만으로도 몸서리를 칠 것입니다. 그런데 거기서 한 술 더 떠서 "여러분, 우리도 예수 그리스도처럼 매일 이 교수대에 우리의 목을 겁시다"라고 설교한다면, 여러분 같으면 그냥 듣고 있겠습니까? 아마도 당장 자리를 박차고 일어날 것입니다.

예수님 시대 사람들이 "십자가가 여러분의 구원입니다. 십자가를 쳐다보십시오"라는 말을 들을 때, 그들의 기분이 이와 같았을 것입니다. "여러분은 여러분의 십자가를 지고 매일 예수님을 따르십시오"라는 말을 들을 때는 더욱 오싹하는 기분이 들었을 것입니다. 십자가는 교수대보다도 더 끔직스럽고 공포스러운 처형 도구였기 때문입니다. 그런데도 초대교회는 십자가의 복음을 전파하여 짧은 시간 내에 수많은 사람들을 돌아서게 했습니다. 이것은 역사상 가장 설명하기 어려운 수수께끼 중 하나에 속합니다. 어떻게 이렇게 공포스러운 상징물을 내세운 종교가 그토록 급속하게 사람들을 끌어들였을까요?

이렇듯 십자가는 참으로 강력한 상징물입니다. 하나님께서 보내신 인류의 구원자가 가장 치욕스럽고 고통스럽고 공포스러운 십자가 형틀에 매달려 죽임을 당했다는 사실은, 듣는 사람에게 엄청난 충격을 안겨 줍니다. 감정적인 충격만이 아니라 지적인 충격도 안겨 줍니다. "왜? 무엇 때문에?"라는 질문을 회피할 수 없게 만듭니다.

대야와 수건

그 충격이 결국 깨달음에 이르게 하고, 그 깨달음은 말로 다 설명할 수 없는 진리를 알게 합니다. 그리고 그 앎은 그 사람의 삶을 바꾸어 놓습니다. 예수님처럼 그렇게 십자가의 길을 가게 됩니다.

2

십자가의 상징은 너무나 강력하기 때문에 동시에 약점도 가지고 있습니다. 죽기까지 섬기는 삶을 살라는 십자가의 메시지가 우리 보통 사람들에게는 너무 크게 들립니다. 그것은 누구나 할 수 있는 일이 아니라, 선택된 일부 사람들만이 할 수 있는 것처럼 생각됩니다. 그래서 많은 사람들이 "십자가는 목사님들이나 지십시오. 우리는 그 뒤나 따라가겠습니다"라고 생각합니다. "매일 십자가를 지고 예수 그리스도를 따르라"는 말은 일상생활 속에서 아주 작은 일부터 시작하여 희생하고 섬기는 길을 택하라는 뜻인데, 사람들은 처절하고 장렬한 순교를 더 많이 생각합니다.

그 점에서 본다면, "대야와 수건"은 아주 좋은 대안이라는 생각이 듭니다. 왜 기독교회가 이 상징을 소홀히 했는지, 생각해 볼수록 아쉬움이 많습니다. 예수님이 제자들과 마지막 저녁 식사를 나누던 자리에서 제자들의 발을 씻어 주시기 위해 사용했던 대야와 수건은 십자가와 같은 의미를 전하는 상징이기는 하지만, 십자가보다 훨씬 일상적이고 사소하고 친근해 보입니다. 십자가는 한 번 지고 죽으면 끝나는 것이지만, 대야와 수건은 매일같이 필요한 물건입니다. 그러므로 매일매일 이웃을 위해 자신을 낮추고 섬기라는 예수님의 말씀을 전달하기에 대야와 수건은 안성맞춤입니다.

제자들의 발을 모두 씻기신 예수님은 다시 당신의 자리로 돌아오십니다. 그런 다음 제자들에게 던진 첫 마디가 이렇습니다. "내가 너희에게 한 일을 알겠느냐?" 의미를 풀어 번역하면 이렇게 됩니다. "내가 무슨 뜻으로 너희의 발을 씻어 주었는지 알겠느냐? 이 행동을 통해 내가 너희에게 기대하는 것이 무엇인지 알겠느냐?" 여러분은 알 것 같습니까? 한번 생각해 보십시오.

제자들은 예수님을 "주인님"이라고 불렀습니다. 노예 제도가 있던 시대에 살던 사람들이 누군가에게 "주인님"이라고 부르는 것은 심각한 일입니다. 주인님이 죽으라면 죽기라도 하겠다는 의지가 표현된 것입니다. 제자들은 노예가 아니라 자유인이었습니다. 그럼에도 그들은 자원하여 예수님의 종으로 자처했습니다. 그만큼 예수님을 존경하고 끔찍하게 여겼다는 것입니다. 그만큼 높이 존경해 마지 않던 예수님이 자리에서 일어나 겉옷을 벗고 수건을 허리에 두르고 대야를 가져다가 스스로 종이 된 제자들의 발을 씻어 주십니다.

노예가 주인의 발을 씻어 주는 것은 당연한 일입니다. 하지만 주인이 노예의 발을 씻어 주는 것은 상상할 수도 없는 일입니다. 학생이 스승의 발을 씻어 주는 것은 당연한 일입니다. 하지만 스승이 학생의 발을 씻어 주는 것은 상상도 못할 일입니다. 이 세상은 언제나 계급과 신분과 배운 것과 가진 것에 따라서 사람을 달리 취급하게 되어 있습니다. 그런데 예수님은 이것을 완전히 뒤집어 놓으십니다.

하나님의 나라에는 신분의 높고 낮음이 없다는 뜻입니다. 하나님의 나라는 "신분 상승"의 욕구를 불태우는 곳이 아니라, "낮아짐의 미덕"이 역사하는 곳이라는 뜻입니다. 그래서 14-17절에서 이렇게 말씀합니다.

주이며 선생인 내가 너희의 발을 씻겨 주었으니, 너희도 서로 남의 발을 씻겨 주어야 한다. 내가 너희에게 한 것과 같이, 너희도 이렇게 하라고, 내가 본을 보여 준 것이다. 내가 진정으로 진정으로 너희에게 말한다. 종이 주인보다 높지 않으며, 보냄을 받은 사람이 보낸 사람보다 높지 않다. 너희가 이것을 알고 그대로 하면, 복이 있다.

3

"대야와 수건"은 이 가르침을 전하기에 아주 좋습니다. 이 상징은 현대인들이 빠져 있는 흑백논리의 교묘한 회피술을 무력화시키고, 복음의 요청을 향해 도전하는 데 훨씬 도움이 됩니다. 흑백논리란, 선택할 수 있는 대안이 하얀색과 까만색 두 가지밖에 없다고 전제하고 펼치는 논리입니다. 하얀색과 까만색 사이에 얼마나 많은 색이 있습니까? 그런데 사람들은 "그건 하얀색이 아닙니다"라고 말하면, 대뜸 "그럼, 까만색이란 말입니까?"라고 답합니다.

정신과 의사 고든 리빙스턴(Gordon Livingston)은 자신의 책에서, 환자들과 상담하는 가운데 이런 흑백논리식의 대답을 자주 듣는

다고 고백하고 있습니다. 자녀 문제에 대해 상담하는 가운데, "너무 엄하게 하지 말고 어느 정도 시행착오를 할 수 있는 여유를 줘 보십시오"라고 조언하면, "그럼, 아이가 망나니가 되도록 내버려 두란 말입니까?"라고 응수한다는 것입니다. 아이를 질식시킬 정도로 규제하고 억압하는 것과 망나니가 되도록 내버려 두는 것 사이에 선택할 수 있는 대안들이 얼마나 많습니까? 그런데 그 중간의 입장을 택하고 실천하는 것이 쉽지 않습니다. 늘 기도하고, 고민하며, 판단하고, 반성해 보아야 합니다. 이에 반해, 자기가 생각하는 대로 아이를 억압하거나 완전히 손을 떼고 내버려 두는 일은 매우 쉽습니다. 고민하고 기도할 필요가 없습니다. 그렇기 때문에 사람들은 두 극단 중 하나를 택하려고 합니다. 그냥 자신의 감정대로 행동하고 싶은 것입니다. 그래서 그렇게 대답하는 것입니다.

저는 지난 몇 년 동안 이 흑백논리와 고통스러운 씨름을 했던 경험이 있습니다. 2002년에 「사귐의 기도」라는 책을 통해 저는, 하루하루, 순간순간 하나님과의 사귐을 더 깊게 하여 무의미하고 답답할 수 있는 일상생활을 변화시키자는 제안을 했습니다. 이 책을 읽고 몇몇 독자들이 이렇게 응답한 적이 있습니다. "목사님은 나보고 수도사가 되라는 말입니까?" 이 말은 "나는 수도사가 될 수 없으니 그냥 세속에 빠져 살아가겠다"는 뜻입니다. 이분들은 우리가 선택할 수 있는 대안이 두 가지의 극단, 곧 세속을 완전히 등지고 수도사가 되거나, 눈 질끈 감고 세속에 동화되어 살아가는 것밖에 없다고 생각합니다. "시장통의 수도자"로 살아갈 가능성은 전혀 없다고 생각합니다. 아니, 그렇게 살아가려면, 매일매일 고민해야 하고, 기도해야 하고, 선택해야 하고, 반성해야 하기 때문에 그것을 무시하는 것입니다. 이때 흑백논리는 그 요청을 회피하는 좋은 방편이 됩니다.

그 후 2004년에 「바늘귀를 통과한 부자」를 냈을 때는 더 심했습니다. 이 책으로 인해서 한국 교회에서는 소위 '청부론 논쟁'이 벌어졌는데, 그 과정에서 적지 않은 독자들이 "그럼, 가진 것 다 나누어 주고 거지가 되란 말입니까?"라고 반문했습니다. 이분들도 역시 그리스도인이 선택할 수 있는 대안은 두 가지의 극단, 곧 캘커타의 마더 테레사나 아시시의 성 프란치스코처럼 모든 소유를 포기하고 살아가거나, 아니면 도널드 트럼프나 패리스 힐튼처럼 그냥 눈 질끈 감고 아무 생각 없이 돈 벌고 한도 끝도 없이 쌓아 두고 부를 누리는 방법밖에 없다고 생각합니다. 하지만 그 두 극단 사이에는 수십 가지의 대안이 있습니다. 한 사람의 소시민으로 살아가면서 자신에게 주어진 재물을 하나님의 뜻에 맞게 사용하기 위해 기도하고 고민하고 생각하고 반성하다 보면, 우리는 책임 있고 선한 청지기가 될 수 있습니다. 그러나 많은 사람들이 그렇게 살기를 싫어합니다. 그러다 보니, 이렇게 흑백논리로 복음의 요청을 회피하는 것입니다.

4

예수님은 말씀하십니다. "나를 따라오려고 하는 사람은, 자기를 부인하고, 자기 십자가를 지고, 나를 따라오너라"(막 8:34). 이 말씀을 듣는 사람들 가운데 적지 않은 사람들이 이런 식으로 답합니다. "그럼, 나보고 가족도 직업도 모두 팽개치고 순교하라는 말입니까? 아, 나는 아직 준비되지 않았습니다. 다른 사람을 찾아보십시오. 아니면 제게 시간을 좀 주십시오. 혹시 나중에는 어떨지 모르겠습니다만, 지금은 아닙니다."

그에 반해, 대야와 수건은 흑백논리를 사용하여 교묘하게 복음의 요청을 피하려는 의도를 무력화시킵니다. 대야와 수건을 항상 준비해 두는 것은 누구나 하는 일입니다. 단지, 예수님이 오늘 본문에서 요청하시는 것은 그 대야와 수건으로 서로의 발을 씻어 주라는 것입니다. 자신만을 위해 그것을 사용하지 말라는 뜻입니다. 언제라도 필요한 사람이 있다면, 그것을 사용하여 발을 씻어 주라는 말입니다. 그것은 십자가를 지고 죽는 것처럼 어마어마한 일이 아닙니다. 예수님이 하신 일을 생각하면 별로 어렵지 않게, 영웅적인 용기 없이도 할 수 있는 일입니다.

이 요청 앞에서 "그럼, 나보고 노예가 되라는 말입니까?"라며 흑백논리를 사용해 복음의 요청을 회피한다면, 그 사람에게는 참으로 희망이 없다고 할 수 있습니다. 하긴 복음의 요청은 노예가 되라는 것입니다. 억지로 되라는 말이 아니라 기쁨으로 되라는 말입니다. 바울 사도는 "나는 어느 누구에게도 얽매이지 않은 자유로운 몸이지만, 많은 사람을 얻으려고, 스스로 모든 사람의 종이 되었습니다"라고 말씀한 바 있습니다(고전 9:19). 또 다른 곳에서는 이렇게 말씀합니다. "형제자매 여러분, 하나님께서는 여러분을 부르셔서, 자유를 누리게 하셨습니다. 그러나 여러분은 그 자유를 육체의 욕망을 만족시키는 구실로 삼지 말고, 사랑으로 서로 섬기십시오"(갈 5:13).

대야와 수건은 우리가 다른 사람을 섬기기 위해 사용하는 도구를 상징합니다. 어떤 사람에게는 지식이 대야와 수건이 될 수 있습니다. 어떤 사람에게는 재력이 대야와 수건이 될 수 있습니다. 어떤 사람에게는 권력이, 어떤 사람에게는 재능이, 어떤 사람에게는 기술이, 어떤 사람에게는 가르치는 능력이, 어떤 사람에게는 위로하는 능력이 대야와 수건이 될 수 있습니다. 앞 장에서 말씀드렸듯이, 우리가 받은 상처와 아픔까지도 다른 사람을 돕는 대야와 수건이 될 수 있습니다. 캘커타의 테레사 수녀는 아무 일도 하지 못하고 침상에 누워 고통을 견뎌야 하는 환자들을 모아 '병자와 고통받는 사람들의 협력자회'라는 것을 창설했습니다. 그들이 받는 육신적인 고통을 대야와 수건으로 삼아 다른 사람들의 고통을 위해 중보하도록 이끈 것입니다. 그러므로 우리에게 주어진 것은 무엇이나, 좋은 것이나 나쁜 것이나, 이웃을 위한 대야와 수건이 될 수 있습니다. 예수님께서는 당신이 그러셨듯, 우리도 우리에게 주어진 것을 대야와 수건으로 삼아 다른 사람을 섬기라고 요청하십니다.

5

기독교 신앙에 "나 홀로"라는 말은 없습니다. 대신 "서로"라는 말만 있습니다. 물론 그리스도인에게는 하나님 앞에 "홀로" 서는 시간이 매우 중요하다는 점에서, "홀로"라는 말이 있다고 할 수 있습니다. 하지만 그것은 말 그대로의 "나 홀로"가 아닙니다. 하나님과 함께 있는 것입니다. 하나님과 함께하는 순간, 우리는 그분 안에서 이웃과 만납니다. 그러므로 그리스도인에게는 "나 홀로"가 없습니다. "서로"만 있습니다.

기독교 신앙은 나 홀로 마음에 평안을 얻고 끝나자는 것이 아닙니다. 나 홀로 복 받고 잘 살아 보자는 것도 아닙니다. 다가올 징벌로부터 나 홀로 구원받아 천국 가자는 것도 아닙니다. 이 죄 많은 세상에서 나 홀로 독야청청하자는 것도 아닙니다. 예수 그리스도 안에서 세상이 줄 수 없는 평안을 얻고 참된 축복을 받고 몸과 영이 모두 거룩하게 보전되어 살아가는 것은 기독교 신앙의 중요한 한 면이지만, 그것으로 끝나서는 안됩니다. 우리 곁에 있는 사람들을 볼 수 있어야 하고, 내게 있는 대야와 수건으로 그들을 섬겨야 합니다. 이 차원이 없다면, 우리의 기독교 신앙은 반쪽에 불과합니다. 반쪽 신앙은 엄밀하게 말해서 신앙이 아닙니다.

교회는 "서로" 섬기는 공동체입니다. 은혜로운 교회는 서로를 위해 섬기는 사람들이 많은 교회이고, 은혜롭지 않은 교회는 섬긴다는 명분으로 다른 사람을 휘두르려는 사람들이 많은 교회입니다. 한번 생각해 보십시오. 한 번의 예배가 은혜를 끼칠 만한 것이 되기 위해 얼마나 많은 사람들이 각자 자신에게 주어진 대야와 수건을 가지고 다른 사람을 섬기는 일에 헌신해야 하는지요! 그분들의 헌신과 노력 없이는 결코 은혜를 끼칠 수 없습니다. 훌륭한 교회학교 교육이 이루어지기 위해 얼마나 많은 사람들이 얼마나 다양한 일들을 서로 맡아 해야 하는지요! 예배당 곳곳에서 묵묵히 자신에게 주어진 대야와 수건을 가지고 봉사하고 섬기는 분들을 생각하면 마음이 뜨거워집니다.

교회가 일부 교인들의 일방적인 희생으로 다수 교인들의 필요와 욕구를 충족시키는 곳이 되어서는 안됩니다. 혹은 다 제각기 자기의 필요와 욕심을 위해 아우성치는 곳이 되어서도 안됩니다. 교회는 모든 사람들이 제각기 자신에게 주어진 대야와 수건을 가지고 서로의 필요와 욕구를 위해 섬기는 곳이 되어야 합니다. 그런 교회야말로 진정으로 성숙한 교회입니다. 그리고 그렇게 말 없이, 이름 없이, 빛도 없이 헌신하고, 일을 마치고는 "저는 다만 제 할 일을 했을 뿐입니다" 하고 물러앉을 수 있는 분들이 진실로 성숙한 성도입니다.

한국이나 미국이나, 대형 교회에는 최소한의 희생과 섬김으로 최대한의 이익을 얻으려는 교인들이 많습니다. 그런 분들이 많이 모여서 대형 교회가 되는지, 대형 교회이기 때문에 그런 습성이 생기는지는 모르지만, 교회가 커질수록 그런 경향이 강해지고 그런 분들이 많아집니다. 그리고 그렇게 최소한의 투자로 최대한의 유익을 얻어가는 것을 잘하는 일이라고 생각합니다. 그런 생각은 은행이나 노름판에서 하는 것인데, 교회에서조차 그런 생각을 하는 것입니다.

제가 어릴 적에 친구들과 같이 예배드리다가 헌금 드릴 기회를 놓친 적이 있습니다. 그때 친구 하나가 "야, 오늘 돈 굳었네"라고 농

담을 했고, 우리 모두는 일확천금한 것처럼 회심의 미소로 응답했습니다. 그때 저희는 몰랐습니다. 하나님께 드려야 할 돈이 내 손에 남겨진 것이 우리에게 이득이 아니라 손해라는 사실을 말입니다. 영적인 차원에서 보면, 내 손에 움켜쥐고 있는 것이 실은 잃는 것이며, 하나님의 뜻을 위해 내어놓는 것이 실은 진실로 얻는 것입니다. 세상적인 차원에서 보면, 자신을 낮추고 다른 사람을 위해 섬기는 것은 손해 보는 일처럼 보입니다. 하지만 하나님의 차원에서 보면, 자신을 높여 섬김을 받으려는 태도가 오히려 손해 보는 일입니다.

6

혹시 여러분 가운데 아직 헌신하지 못하고 은혜만 받기 원하는 분들이 계십니까? 물론, 믿음이 연약하여 섬김을 받을 수밖에 없는 분들이 있습니다. 생활환경 때문에 도저히 봉사할 수 없는 분들도 계실 것입니다. 그런 분들은 더 열심히 은혜를 구하여서, 성장하고 회복되고 강건해지시기를 기원합니다. 하지만 이제 어느 정도 믿어 속사람이 자라고 있는 분들이라면, 한 걸음 도약하시기 바랍니다. 하나님의 나라에서는 희생하는 만큼 얻는 것이며, 주는 만큼 받는 것입니다. 그 원리를 이해하는 것이 영적인 눈을 뜨는 것이며, 그렇게 실천하는 것이 성숙한 신앙입니다.

혹시 여러분 가운데 너무나 많은 일을 맡는 바람에 지쳐 있는 분이 있다면, 조용히 머물러 하나님을 바라보는 시간을 더 갖기 바랍니다. 저도 자주 경험하는 일이지만, 일에 빠지다 보면 다른 사람을 섬기려는 목적을 잃어버리고 일에만 몰두하게 됩니다. 지금 하고 있는 일이 얼마나 중요하며 얼마나 많은 사람들에게 도움이 되는지를 망각하고, 일에 대해 불평하는 마음이 생깁니다. 그것은 아주 큰 위험입니다. 예수님은 기쁜 마음으로 섬기기를 원하십니다. 불평하는 마음으로 섬기는 것은 본인에게도 다른 사람에게도 해가 됩니다. 그러므로 더 자주 물러앉아 영적인 시각을 되찾아야 합니다. 그러면 기쁨으로 그 일들을 감당할 수 있을 것입니다.

그래서 묻습니다. 여러분의 대야와 수건은 어디에 있습니까? 여러분의 대야와 수건은 무엇입니까? 그 대야와 수건을 무슨 일에, 어떻게 쓰시렵니까?

오, 주님!
저희를 흔드소서.
주님처럼,
섬김을 받는 자리에서 일어나
겉옷을 벗고
수건을 허리에 동이게 하소서.
그리고 형제자매의 발치에 앉아
기쁨으로 섬기게 하소서.
주님,
주님의 몸된 교회에서

제가 섬길 것이 무엇인지요?

몸된 교회를 섬기도록 제게 주신 대야와 수건은 무엇인지요?

그것이 시간이든, 물질이든,

기술이든, 지식이든, 재능이든,

아픔이든, 질병이든

오, 주님,

그것을 사용하여 이웃을 섬기도록

저희를 인도하여 주소서.

아멘.

4
좋은 몫을 택하다

예수께서 제자들의 발을 씻겨 주신 뒤에, 옷을 입으시고 식탁에 다시 앉으셔서, 그들에게 말씀하셨다. "내가 너희에게 한 일을 알겠느냐? 너희가 나를 선생님 또는 주님이라고 부르는데, 그것은 옳은 말이다. 내가 사실로 그리하다. 주이며 선생인 내가 너희의 발을 씻겨 주었으니, 너희도 서로 남의 발을 씻겨 주어야 한다. 내가 너희에게 한 것과 같이, 너희도 이렇게 하라고, 내가 본을 보여 준 것이다. 내가 진정으로 진정으로 너희에게 말한다. 종이 주인보다 높지 않으며, 보냄을 받은 사람이 보낸 사람보다 높지 않다. 너희가 이것을 알고 그대로 하면, 복이 있다. (요한복음 13:12-17)

그들이 길을 가다가, 예수께서 어떤 마을에 들어가셨다. 마르다라고 하는 여자가 예수를 자기 집으로 모셔 들였다. 이 여자에게 마리아라고 하는 동생이 있었는데, 마리아는 주님의 발 곁에 앉아서 말씀을 듣고 있었다. 그러나 마르다는 여러 가지 접대하는 일로 분주하였다. 그래서 마르다가 예수께 와서 말하였다. "주님, 내 동생이 나 혼자 일하게 두는 것을 아무렇지 않게 생각하십니까? 가서 거들어 주라고 내 동생에게 말씀해 주십시오." 그러나 주님께서는 마르다에게 대답하셨다. "마르다야, 마르다야, 너는 많은 일로 염려하며 들떠 있다. 그러나 주님의 일은 많지 않거나 하나뿐이다. 마리아는 좋은 몫을 택하였다. 그러니 아무도 그것을 그에게서 빼앗지 못할 것이다." (누가복음 10:38-42)

1

지난 주중에 어느 교우와 전화 통화를 하게 되었습니다. 그분은 지난 주일 예배에 참석하지 못했습니다. 그래서 제가 "어디 아프신 것 아닌가요? 주일에 뵙지 못했는데요" 하고 말씀드렸더니, 그분이 이렇게 답하셨습니다. "제가 그동안 살아오면서 불가피한 경우를 제외하고는 한 번도 주일 예배에 빠진 적이 없었습니다. 그런데 지난 주일에는 어쩔 수가 없었습니다. 방문한 손님들 뒤치다꺼리에 제 몸이 매우 피곤했는데, 또 주일 저녁에 저희 집에서 선교 후원회 모임이 예정되어 있었습니다. 만일 주일 예배에 참석하고 오면 그 모임을 위한 준비를 제대로 못할 것 같았고, 저는 피곤하여 몸져누울 것 같았습니다. 그래서 죄스러웠지만, 어쩔 수 없이 예배에 참석할 수 없었습니다." 이렇게 말씀하시면서 덧붙이기를, "저는 늘 마리아의 몫을 택하고 싶은데, 지난 주말에는 어쩔 수 없이 마르다의 몫을 택하고 말았습니다"라고 하셨습니다.

"마리아의 몫"과 "마르다의 몫"이라? 이 표현은 성경을 잘 알지 못하는 사람들을 어리둥절하게 만듭니다. 이 표현은 오늘 읽어 드린 누가복음 10장 38-42절의 이야기에서 나옵니다. 교회를 오래 다닌

분들에게는 잘 알려진 이야기인데, 이야기의 내용은 잘 알고 있더라도, 그 의미에 대해서는 오해하고 있는 경우가 많습니다. 생각해 보니, 마리아와 마르다의 이야기는 대야와 수건을 들고 다른 사람을 위해 봉사하려는 사람들에게는 매우 중요한 교훈을 담고 있다는 생각이 들었습니다. 그래서 그 이야기를 먼저 생각해 보려 합니다.

2

예수님과 그 일행이 하루는 베다니에 있는 친구 집에 들어갔습니다. 그 친구의 이름은 나사로입니다. 요한복음 11장에 나오는, 죽은 지 나흘 만에 예수님에 의해 살아난 바로 그 나사로입니다. 어떤 경위에서인지, 예수님과 나사로는 절친한 친구가 되었고, 그 누이들인 마리아와 마르다 역시 예수님과 깊은 우정을 나누고 있었습니다. 누가복음 10장에 나오는 이야기는 아마도 예수님과 이 남매들 사이에 우정이 시작되던 때에 일어난 이야기가 아닌가 싶습니다.

    옛날 우리나라에서도 그랬지만, 예수님 당시 팔레스타인 지역에서는 손님을 환대하는 것을 가장 큰 덕목 중 하나로 여겼습니다. 특히 유대인들은 구약성경에 나오는 명령을 따라서 손님을 극진히 환대했습니다. 또한 그들은, 하나님이 손님으로 가장하고 자신들의 집을 방문할지도 모른다고 믿었습니다. 창세기에 보면, 아브라함이 낯선 나그네들을 극진히 대접했는데, 나중에 알고 보니 그들이 하나님의 천사였다는 이야기가 나옵니다. 이 같은 전통 때문에 유대인들은 자기 집에 찾아온 손님을 극진히 대접했습니다. 예수님과 그 일행이 방문했을 때 마르다가 분주히 움직이며 접대한 것은 그런 전통에 따른 것이었습니다.

예수님이 집 한편에서 무리들을 가르치고 계실 때, 마르다는 부엌에서 열심히 음식을 준비했습니다. 그런데 옆에서 도와주어야 할 마리아가 보이지 않습니다. 이상해서 찾아보니, 글쎄, 동생이 무리 중에 끼어서 예수님의 말씀을 듣고 있는 것이 아닙니까? 그것도 맨 앞자리에 앉아서! 마치 예수님의 말씀을 한 마디도 놓치지 않을 양으로 집중해서 듣고 있습니다. 이 광경을 본 마르다는 어이가 없었습니다. 화도 났습니다. "아니, 이 많은 사람들을 대접하려면 얼마나 많은 손이 필요한지 모르나? 그런데 어떻게 그 일을 나에게만 맡겨 두고, 자기 좋은 일에만 빠져 있단 말인가?"

동생에게 섭섭하고 화도 났지만, 또 마음 한편에서는 홀로 공을 세우고 싶은 마음도 들었습니다. 마르다도 만사를 제쳐 두고 말씀의 감흥에 취하고 싶은 마음이 있었습니다. 그렇지만 그 모든 것을 희생하고, 홀로 땀 흘려 봉사하고 있는 자신이 대견해 보였습니다. "이 일을 할 사람이 나밖에 없구나!"라는 생각은 한편으로 분노를 일으켰지만, 다른 한편으로는 큰 자부심을 안겨 주었습니다. "그래, 나 아니고는 너희들 모두 국물도 없다!"는 생각이 마음에 들어찬 것입니다. 그렇게 생각하니, 그 사실을 사람들에게 드러내 보이고 싶었습니다. 자신이 얼마나 고생하고 있는지, 자신이 얼마나 희생하고 있는지를 나타내고 싶었습니다. 특히, 예수님께서 그 사실을 알아주시고 칭찬해 주시기를 바랐습니다.

그래서 마르다는 예수님께 다가갔습니다. 예수님은 지금 한창 가르치는 일에 열중하고 계셨고, 무리들은 예수님의 입술에 붙들려 있었습니다. 팽팽한 긴장감과 침묵이 좌중을 압도하고 있었습니다. 그때 마르다가 사람들을 헤치고 예수님께 다가갑니다. 갑작스러운 방해에 사람들이 모두 놀랍니다. 예수님도 하던 말씀을 멈추시고, 무리들도 일제히 마르다를 쳐다봅니다. 그러자 이때라는 듯이 마르다는 예수님께 말씀드립니다. "주님, 내 동생이 나 혼자 일하게 두는 것을 아무렇지 않게 생각하십니까? 가서 거들어 주라고 내 동생에게 말씀해 주십시오"(눅 10:40).

여러분, 이 상황에서 마르다가 꼭 이렇게 해야만 했을까요? 달리 할 방법은 없었을까요? 있었습니다. 살며시 마리아에게 다가가 옆구리를 찌르며 "얘, 나와서 나 좀 도와줄래?" 하고 말할 수 있었습니다. 혹은 멀리서 눈짓으로 불러내도 되었을 것입니다. 혹은 쪽지를 써서 전달해도 되었을 것입니다. 정말 마르다가 마리아의 도움을 얻으려는 한 가지 목적으로 행동했다면, 이렇게 했을 것입니다. 그런데 마르다는 사람들 사이를 헤치고 들어가 예수님을 직접 만나 요청합니다. 자신이 불러내도 되는 것을, 왜 굳이 예수님께 "쟤 좀 보래요. 쟤 좀 혼내 주세요" 하는 식으로 일러바치느냐는 말입니다.

이 행동은 마르다의 의도가 어디에 있는지를 암시해 줍니다. 마르다는 지금 마리아의 도움이 필요한 것이 아니었습니다. 그는 자신이 얼마나 많이 희생하고 있는지를 드러내고 싶었던 것입니다. 마르다가 원했던 것은 도움의 손길이 아니라, 예수님의 인정이었고 사람들의 칭찬이었습니다. 부엌에서 일하면서 잊혀지기를 원치 않았습니다. 이제 곧 그들이 먹게 될 음식이 누구를 통해서 그리고 얼마나 큰 희생을 통해서 제공된 것인지를 알리고 싶어 했습니다.

3

그러자 예수님은 다정한 눈빛으로 마르다에게 이렇게 대답하십니다. "마르다야, 마르다야, 너는 많은 일로 염려하며 들떠 있다. 그러나 주님의 일은 많지 않거나 하나뿐이다. 마리아는 좋은 몫을 택하였다. 그러니 아무도 그것을 그에게서 빼앗지 못할 것이다"(눅 10:41-42).

"마르다야, 마르다야" 하고 부른 것을 통해, 우리는 예수님이 마르다를 얼마나 사랑하고 계셨는지 느낄 수 있습니다. 예수님은 지금 마르다를 혼내는 것이 아니라 안타까움에 바로잡아 주십니다. 무엇을 바로잡아 주십니까?

여기서 많은 사람들이 오해를 합니다. 예수님이 여기서 말씀하시는, 마리아가 택한 "좋은 몫"은 '말씀을 배우는 것'을 의미한다고 생각합니다. 그렇게 보면, 말씀을 듣지 않고 접대에 분주했던 마르다는 "좋지 않은 몫"을 택한 것이라는 뜻이 됩니다. 이렇게 해석하고 보면, 예배에 참석하고 성경공부반에 들어가고 기도회에 참여하는 것은 좋은 몫이고, 주방에서 음식 준비하고 주차장에서 주차 안내를 하고 방송실에서 기계를 움직이는 것은 좋지 않은 몫이라는 뜻이 될 수 있습니다.

오해입니다. 지금 예수님이 바로잡아 주시려는 것은, 마르다의 "자랑하고 싶어 하는 마음"이며 "인정받고 싶어 하는 마음"입니다. 부엌일을 중단하고 와서 말씀을 들으라는 뜻이 아니었습니다. "주님의 일은 많지 않거나 하나뿐이다"라는 말씀은 "하나님께서 원하시는 것은 한 가지 일에 전념하는 것이다"라는 뜻입니다. 마르다가 잘못한 것은 말씀을 듣지 않고 음식 준비를 한 선택이 아닙니다. 만일 음식 준비를 하면서 전심을 다하고, 그 접대를 통해 사람들이 기뻐하는 것에 만족하고, 물러서서 자신을 도구로 사용하신 하나님께 감사했다면, 마르다는 예수님께로부터 큰 칭찬을 받았을 것입니다. 하지만 마르다는 자신이 얼마나 희생하고 있는지, 자신이 얼마나 큰일을 하고 있는지를 알리고 싶어 했습니다. 그러다 보니 마음이 분산되었습니다.

40절에 보면, 주목할 만한 표현이 하나 있습니다. "그러나 마르다는 여러 가지 접대하는 일로 분주하였다." '분주하다'고 번역된 헬라어는 '마음이 갈라졌다'는 뜻입니다. 이 말은 할 일이 많았기 때문에 마음이 분산되었다는 뜻도 되지만, 마음의 동기가 분산되었다는 뜻도 됩니다. 즉, 손님 접대를 잘해야 한다는 생각도 그 마음에 있었지만, 홀로 공을 세워 사람들로부터, 특히 예수님으로부터 인정을 받고 칭찬을 받고 싶은 생각도 그 마음에 있었다는 뜻입니다. 예수님의 발치에 앉아 말씀을 듣고 있는 동생 마리아를 보았을 때, 자신의 공로를 인정받고 싶은 욕망이 그를 압도했던 것 같습니다. 그랬기에 그는 앞뒤 가리지 못하고 추태를 드러내 보였던 것입니다.

예수님이 마르다에게 하고 싶었던 말씀은, "네가 무엇을 택하든지, 그것을 통해 하나님께 영광 돌리는 하나의 목적에만 몰두하라"는 것이었습니다. 예수님이 마리아를 칭찬하신 이유는, 그가 다른 것에 마음 팔리지 않고 오직 말씀을 배우는 일에만 전념했기 때문입니다.

만일 마르다가 부엌에서 오로지 손님들을 섬기는 그 목적만을 위해 전심으로 일하고 있었다고 칩시다. 반대로, 예수님의 발치에 앉아서 말씀을 듣고 있던 마리아가 언니를 생각하고는 예수님께 "주님, 제가 이렇게 열심히 말씀을 듣고 있는 것을 보시지 않습니까? 그런데 언니 마르다는 이 귀한 말씀을 듣지 않고 부엌에서 일만 하고 있습니다. 주님, 부엌일은 나중에 하고 와서 말씀을 들으라고, 제 언니에게 말씀 좀 해 주시지 않겠습니까?"라고 청했다고 칩시다. 그랬다면 예수님이 뭐라고 대답하셨겠습니까? 아마도 마르다에게 했던 똑같은 말씀을 마리아에게 하셨을 것입니다. "마리아야, 마리아야, 너는 많은 일로 염려하며 들떠 있다. 그러나 주님의 일은 많지 않거나 하나뿐이다. 마르다는 좋은 몫을 택하였다. 그러니 아무도 그것을 그에게서 빼앗지 못할 것이다." 하나님께 영광을 돌리기 위해 전심을 다해 이웃을 섬기는 기쁨은 그 어디에서도 찾을 수 없는 거룩한 기쁨입니다. 전심을 다해 섬기는 한, 그 기쁨을 빼앗을 사람은 아무도 없습니다.

4

결국 예수님이 하고자 하시는 말씀은, 무슨 일을 하든지 전심을 다해 그 일을 섬기라는 것입니다. 그것을 통해 다른 사람에게 인정받고 싶어 하는 마음을 경계하고, 그 마음을 버리라는 말씀입니다. 예배는 좋은 몫이고, 주차 봉사는 덜 좋은 몫이라고 말씀하시는 것이 아닙니다. 말씀을 읽고 묵상하는 것은 좋은 몫이고, 주방에서 음식 준비하는 것은 덜 좋은 몫이라는 뜻이 아닙니다. 기도하는 것은 좋은 몫이고, 청소하는 것은 나쁜 몫이라는 뜻이 아닙니다. 무슨 일을 하든, 그 일을 통해 하나님께 영광을 돌리기 위해서 전심으로 섬기는 한, 모두가 다 "좋은 몫"이 됩니다. 좋은 몫, 곧 좋은 선택이란 바울 사도가 말했던 것처럼 "먹든지 마시든지, 무슨 일을 하든지, 모든 것을 하나님의 영광을 위해" 하는 것입니다(고전 10:31). 그 일을 통해 자기를 높이려는 것이 아니라, 자기 기분이 좋아지기 위한 것이 아니라, 사람들로부터 인정을 받기 위한 것이 아니라, 하나님의 영광만을 위해 전심으로 섬기는 것을 말합니다.

앞 장에서 저는 우리 각자에게 주어진 대야와 수건이 무엇인지를 물었고, 그 대야와 수건을 꺼내어 이웃을 위해 봉사하는 일에 참여하자고 호소했습니다. 이웃에게 봉사를 잘하기 위해 오늘 이 말씀은 매우 중요합니다. 만일 교회에서 봉사하는 우리의 목적이 다른 사람에게 인정받는 데 있다면, 우리는 실격입니다. 그런 목적으로 일하는 사람들은 필연적으로 상처를 받게 되어 있고, 또한 다른 사람에게 상처를 주게 되어 있습니다. 그런 태도로 봉사를 하면 결코 기쁨과 행복을 누릴 수 없습니다. 물론 자신의 타락한 욕망과 허영심을 충족시킬 수는 있습니다. 하지만 그런 죄된 만족감은 더 깊은 갈증을 만들어 낼 뿐입니다. 갈수록 더 큰 인정과 찬사를 받고 싶어 합니다. 그리고 그것이 채워지지 않으면 마르다처럼 어리석고 속 보이는 행동을 하게 되고, 부끄러운 속내를 내보이게 됩니다.

반면, 하나님의 영광을 위해 전심으로 섬기는 사람들은 정반대의 결과를 얻습니다. 이렇게 섬기는 사람들은 자기를 주장하지 않습니다. 언제든 기쁘게 물러날 수 있고, 또 언제든 기쁘게 나설 수 있습니다. 다른 사람들이 인정하고 칭찬하면 겸손하게 받아들이지만, 그것에 매이지 않습니다. 나의 봉사를 통해 오직 하나님께서 영광 받으시고 다른 사람들이 도움을 입었으면, 그것으로 충분히 기쁘고 행복합니다. 이 기쁨과 만족감은 더 이상의 갈증을 만들어 내지 않습니다. 그렇기 때문에 분망하게 행동하지 않습니다. 함께 일하는 사람들을 편하게 해 주고 기쁘게 해 줍니다.

이 얼마나 아름다운 모습입니까? 우리가 이렇게 덕스럽고 아름답고 사랑할 만한 봉사를 할 수 있다면, 얼마나 좋겠습니까? 이렇게 성숙한 헌신자들이 교회의 모든 사역에 가득가득 들어찬다면, 얼마나 좋겠습니까? 불행하게도, 우리의 타락한 본성은 우리를 이렇게 되도록 그냥 놔두지 않습니다. 우리 마음에 있는 공명심과 자만심과 인정받고 싶은 욕구가 끊임없이 우리를 넘어뜨리려고 합니다. 그래서 하나님의 영광을 위해 섬겼다는 사실 하나에 기뻐했다가도, 다음

날이면 함께 일하는 사람들이 던진 말 한 마디를 생각하고 마음 상해 합니다. 그것이 별 수 없는 우리의 자화상입니다.

5

그래서 우리에게는 예배가 필요하고, 성경공부가 필요하고, 기도가 필요하고, 영적 교제가 필요합니다. 마리아가 택한 몫과 마르다가 택한 몫은 마치 '신앙생활의 두 다리'와 같다고 할 수 있습니다. 봉사하는 만큼 기도해야 합니다. 기도하는 만큼 봉사해야 합니다. 예배를 사모하는 것만큼, 다른 사람을 위해 섬기는 일을 사모해야 합니다. 제대로 섬기기 위해서는 성경 말씀을 더 열심히 배워야 합니다. 말씀을 배웠으면, 그 말씀을 실천해야 합니다. 마리아가 진실로 칭찬받으려면, 말씀을 다 듣고 난 후에 자신의 몫을 찾아 열심히 섬겨야 했습니다. 마르다가 진실로 칭찬받으려면, 전심을 다해 손님들을 대접하고 그들이 떠나간 후에 홀로 하나님 앞에 머물러 있는 시간을 가져야 했습니다. 그렇게 하지 않으면 우리도 마르다의 실수로부터 벗어날 방도가 없습니다. 우리의 타락한 본성의 올무에서 해방될 방법이 없습니다.

봉사만 하고 예배를 소홀히 하면 그 결과는 뻔합니다. 금세 탈진하고, 불평과 불만이 쌓여 갑니다. 많은 일을 하지만, 그 일들을 통해 좋은 열매가 맺히지 않습니다. 예배만 좋아하고 봉사를 소홀히 하는 것도 불행한 결과를 만들어 냅니다. 그 사람의 신앙은 마치 온실에서 자란 식물처럼 연약한 것이 됩니다. 이런 사람들은 봉사하는 일에 겁을 냅니다. 그 이유를 물으면 "상처받을까 봐"라고 대답합니다. 그분들이 알지 못하는 사실은 이것입니다. "상처 없이 성장도 없다"는 진실! 우리가 좋은 열매를 맺는 건강한 영성을 원한다면, 온실에서 나와야 합니다. 받은바 은혜를 실천해야 합니다.

예배를 사랑하십니까? 그와 동일한 정도로, 봉사도 사랑하기 바랍니다. 기도하기를 즐기십니까? 그와 동일한 정도로, 형제자매들의 필요를 위해 자기 시간과 노력을 들여 봉사하는 일에 헌신하기 바랍니다. 성경공부를 좋아하십니까? 그와 동일한 열심으로, 봉사에 참여하기 바랍니다. 그렇게 되면, 여러분이 받은바 은혜가 더욱 커질 것이며, 여러분의 믿음이 더욱 견고해질 것입니다.

봉사를 사랑하십니까? 동일한 정도로, 예배도 사랑하기 바랍니다. 예배가 없는 봉사는 마음만 부풀게 할 뿐입니다. 다른 사람을 돕는 일에 열심이 있으십니까? 동일한 열심으로, 성경공부에 참여하기 바랍니다. 배우는 것 없이 봉사만 하면, 마치 훈련 없이 메스를 든 의사와 같은 잘못을 범하게 됩니다. 궂은일을 찾아 섬기는 데서 기쁨을 느끼십니까? 동일한 열심으로, 기도하기 바랍니다. 우리의 영적인 시야가 올바로 잡혀 있어야만 바르게 봉사할 수 있습니다. 바른 봉사만이 우리 자신을 성장하게 하고 교회의 덕을 세웁니다.

아, 우리 모두가 오직 하나님의 영광을 위해 그리고 이웃의 유익을 위해 전심으로 섬기고 겸허히 물러나 "저는 오직 제 할 일을 했을 뿐입니다"라고 말할 수 있는 성숙한 신앙인들이 되면 얼마나 좋을까요! 그리하여 신령한 기쁨과 행복이 우리 모두에게서 넘쳐나면 얼마나 좋을까요! 우리의 죄된 지배욕과 허영심을 만족시키는 데서 오는 기쁨과 행복이 아니라, 우리 영혼 깊은 곳에 있는 거룩한 열망을 만족시키는 데서 오는 기쁨과 행복, 우리의 창조자이신 하나님과 우리의 구원자이신 예수 그리스도를 영화롭게 하며 이웃을 위해 유익을 끼치는 데서 오는 기쁨과 행복이 우리 삶에 넘쳐나면 얼마나 좋을까요! 그리하여 이 땅에서 우리의 하루하루가 천국의 삶이 될 수 있다면! 그렇다면 아낄 것이 무엇이며, 주저할 것이 무엇이겠습니까? 이것이 저에 대한 저 자신의 기도이며 소망입니다. 이것이 모든 교회에 대한 저의 간절한 기도요 소망입니다. 주께서 이 소망을 이뤄 주시기를 소원합니다.

진실하신 주님,
저희를 진실하게 하소서.
순전하신 주님,
저희를 순전하게 하소서.
저희의 영적 시야를 늘 바로잡아 주셔서
헛된 것에 이끌리지 않게 하소서.
주님을 예배하고, 말씀을 듣고, 기도하는 일에
더 부지런하게 하소서.
그리하여
섬기는 저희의 마음이

갈라지지 않고
늘 온전하게 하소서.
저희의 섬김으로
저희는 낮아지고
주님만 높아지게 하소서.
아멘.

5
봉사라는 이름의 지배욕

예수께서 제자들의 발을 씻겨 주신 뒤에, 옷을 입으시고 식탁에 다시 앉으셔서, 그들에게 말씀하셨다. "내가 너희에게 한 일을 알겠느냐? 너희가 나를 선생님 또는 주님이라고 부르는데, 그것은 옳은 말이다. 내가 사실로 그러하다. 주이며 선생인 내가 너희의 발을 씻겨 주었으니, 너희도 서로 남의 발을 씻겨 주어야 한다. 내가 너희에게 한 것과 같이, 너희도 이렇게 하라고, 내가 본을 보여 준 것이다. 내가 진정으로 진정으로 너희에게 말한다. 종이 주인보다 높지 않으며, 보냄을 받은 사람이 보낸 사람보다 높지 않다. 너희가 이것을 알고 그대로 하면, 복이 있다. (요한복음 13:12-17)

주님, 이제 내가 교만한 마음을 버렸습니다. 오만한 길에서 돌아섰습니다. 너무 큰 것을 가지려고 나서지 않으며, 분에 넘치는 놀라운 일을 이루려고도 하지 않습니다. 오히려, 내 마음은 고요하고 평온합니다. 젖 뗀 아이가 어머니 품에 안겨 있듯이, 내 영혼도 젖 뗀 아이와 같습니다. 이스라엘아, 이제부터 영원히 오직 주님만을 의지하여라. (시편 131:1-3)

1

어떤 일을 할 때 그 동기를 따져 보면, 두 가지 중 하나일 때가 많습니다. 하나는, 채워지지 않은 무언가를 채우기 위해, 손에 없는 무언가를 손에 넣기 위해 일하는 경우입니다. 다른 하나는, 이미 채워져 있기 때문에, 이미 내 손에 무언가가 있기 때문에 그것을 나누기 위해 일하는 경우입니다. 여러분이 일하시는 동기를 가만히 앉아 따져 보기 바랍니다. 대개는 이 둘 중 하나에 속합니다. 무언가가 부족하기 때문에 그것을 채우려고 분투하는 경우가 있고, 자신에게 넘치고 있는 무언가를 나누기 위해 일하는 경우도 있습니다.

오늘 읽어드린 시편 131편은 제가 매우 좋아하는 그리고 자주 사용하는 시편입니다. 저는 이 시편이 성숙한 신앙인의 모습을 잘 그려 놓았다고 생각합니다. 시인은 1절에서 하나님을 믿노라고 하면서도 영적 삶 없이 분투하던 자신의 과거 모습을 회상하면서, 현재의 심경을 고백합니다. 다시 한 번 읽겠습니다.

주님, 이제 내가 교만한 마음을 버렸습니다.
오만한 길에서 돌아섰습니다.

너무 큰 것을 가지려고 나서지 않으며,
분에 넘치는 놀라운 일을 이루려고도 하지 않습니다.

지금은 더 이상 그러지 않지만, 과거에는 교만하고 오만하게 행동했으며, 아무도 가져 보지 못한 것을 가지려고 했고, 누구도 꿈꿔 보지 못한 위대한 업적을 이루고 싶어 했다는 말입니다. 이 시편의 제목이 '다윗의 시, 성전에 올라가는 순례자의 노래'라고 되어 있습니다. 다윗의 생애에 이 시편을 적용해 보면 내용을 더 잘 이해할 수 있습니다.

　다윗은 어떤 사람이었습니까? 지금도 유대인들은, 우리 민족이 광개토대왕 시절의 국력과 영화를 그리워하듯, 다윗 시대의 국력과 영화를 그리워합니다. 그래서 그들은, 장차 올 메시아는 다윗의 후손에서 날 것이며, 다윗처럼 영광스러운 이스라엘을 재건할 것이라고 믿었습니다. 다윗의 왕국은 이처럼 위대했습니다. 그는 가장 위대한 제국을 이루기 위해 분투했습니다. 그 야망을 이루기 위해 그는 끊임없이 자신을 몰아붙였습니다. 자신만이 아니라 온 국민을 몰아붙였습니다. 주변 나라들을 하나씩 하나씩 점령했습니다. 이스라엘 왕국은 점점 넓어지고 강해졌습니다. 강해지면 강해지는 만큼, 야심은 더 커졌습니다. 눈에 보이는 땅을 모두 점령하고 싶은 욕망, 민족이란 민족은 모두 이스라엘의 속국으로 만들고 싶은 욕망, 이스라엘의 왕에서 머무는 것이 아니라 모든 민족의 왕으로 등극하고 싶은 욕망이 다윗의 마음을 압도했습니다. 그 욕망을 채우기 위해 그는 쉴 겨를도 없이 분투했습니다.

다윗도 인간이었으니 때로 지쳤을 테고, 때로 쉬고 싶었을 것입니다. 하지만 그의 마음속에 채워지지 않은 욕망이 그를 그냥 놔두지 않았습니다. 다윗이 그 모든 정복 전쟁을 실행한 동기는 '채워지지 않은 것을 채우고, 가지지 않은 것을 가지기' 위함이었다고 말할 수 있습니다. 한 나라를 정복하고 나면 잠시 만족감을 즐길 수 있었으나, 금세 더 큰 욕망이 마음속에 차올랐습니다. 언제부터인가, 그는 마음속으로 "이번 전쟁이 끝나면 만족이 있겠지……"라는 막연한 기대감을 가졌을 것입니다. 하지만 그는 번번이 더 큰 야심과 욕망의 포로가 되었습니다.

2

이 시기에 다윗은 하나님을 믿었습니다. 중국 출신의 NBA 농구선수 야오밍보다도 더 거대한 골리앗 장군 앞에 대적하여 섰을 때, 다윗이 뭐라고 했습니까? "너는 칼을 차고 창을 메고 투창을 들고 나에게로 나왔으나, 나는 네가 모욕하는 이스라엘 군대의 하나님, 곧 만군의 주님의 이름을 의지하고 너에게로 나왔다"고 했습니다(삼상 17:45). 그는 이어서 이렇게 말합니다. "전쟁에서 이기고 지는 것은 주님께 달린 것이다. 주님께서 너희를 모조리 우리 손에 넘겨주실 것이다"(47절).

여기서 보듯, 다윗은 하나님을 믿었습니다. 그렇지만 그는 능력의 하나님을 이용할 줄만 알았습니다. 그분의 능력을 이용해 "큰 것을 가지려" 했고, "놀라운 일을 이루려" 했습니다. 마치, 하나님은 자신의 야망과 욕심을 채우기 위해 옆에서 시중을 드는, '알라딘의 요술 램프'에 나오는 지니 같은 존재로만 생각하고 있었습니다.

다윗의 문제가 바로 여기에 있었습니다. 그는 참된 만족의 근원이신 하나님을 믿으면서도, 그분 안에서 만족을 찾으려 하지 않고 자신의 욕심을 위해 그분을 이용하려고만 했습니다. 아무리 많은 업적을 쌓아도, 아무리 많은 민족을 정복해도, 아무리 많은 영토를 손안에 넣어도, 아무리 많은 궁녀를 거느려도, 그에게는 만족이 없었습니다. 참된 만족의 근원이신 하나님과의 인격적인 관계에 들어가지 못하고, 그분의 능력을 이용하려고만 했기 때문입니다.

2절은 하나님과의 깊은 인격적인 사귐을 통해 참된 만족과 성취와 행복을 발견한 상태를 그리고 있습니다. 다윗의 생애에 적용한다면, 능력의 근원으로만 알았던 하나님을 인격적으로 만나고, 그분과의 사귐을 통해 그분 안에서 자신의 만족과 성취를 발견했다는 말입니다. 그 많은 정복 전쟁을 통해서도, 그 많은 전리품을 통해서도 얻을 수 없었던 만족감과 안식을 하나님 안에서 발견했습니다. 그러자 오랜 세월 동안 쉴 줄 모르고 들떠 있던 그의 마음에 비로소 평안이 들어찼습니다. 그래서 시인은 노래합니다.

오히려, 내 마음은 고요하고 평온합니다.

이 마음 상태를, 시인은 "어머니 품에 안긴 젖 뗀 아이"에 비유합니다. 어머니 품에 안겨 젖을 달라고 보채고 떼를 쓰는 '젖먹이'가 아닙니다. 더 이상 어머니에게 보채고 안달할 이유가 없이, 그냥 어머니 품에 안겨 있는 것만으로도 만족스러운 '젖 뗀 아이'의 이미지를 사용하고 있습니다. 이것은 하나님과의 인격적인 사귐을 통해, 더 이상 자신과 이웃을 몰아붙이며 지치도록 분투할 이유를 발견할 수 없었던 한 사람의 마음 상태를 잘 그려 줍니다.

3

왜 우리는 하나님과의 인격적인 사귐을 통해서만 진정한 만족감을 누리게 되는 것일까요? 대답이 너무 간단하게 들릴지 모르겠지만, 우리 인간 존재가 그렇게 지어졌기 때문입니다. 마치 부모를 잃어버린 아이가 부모를 다시 찾는 것 외에는 진정한 만족이 있을 수 없듯, 하나님에게서 잉태되어 나온 우리 인간은 하나님 없이는 진정한 만족을 얻을 수 없습니다. 그리고 하나님 안에서 찾는 만족과 안식은 다른 무엇으로도 대신할 수 없습니다. 그제야 우리 마음과 영혼은 평안히 쉴 수 있고, 회복과 치유와 변화를 경험할 수 있습니다.

하나님께 돌아가 평화와 안식을 발견하고, 변치 않는 만족감과 행복감을 발견한 사람은, 아무 일도 하지 않고 빈둥빈둥 놀면서 시간을 보내는 것이 아닙니다. 오히려 그동안에 일하던 것과는 전혀 다른 일의 이유와 목적을 발견합니다. "채워지지 않은 것을 채우기 위해" 일하지 않고, 이제는 "이미 채워졌기 때문에" 일하게 됩니다. "가지지 않은 무언가를 가지기 위해" 일하지 않고, "이미 가지고 있기 때문에" 일하게 됩니다. 하나님 안에서 자신에게 주어진 은혜에 감사하여 일하게 됩니다. 더 많은 복을 받기 위해 일하는 것이 아니라, 이미 주신 복에 감사해서 보답하는 마음으로 일합니다. 그렇기 때문에 전과 같은 일을 하더라도, 일하는 동기가 다르고, 일하는 방법이 다르고, 일하는 열정이 다르고, 일하는 태도가 다르며, 일하는 표정이 다르고, 일의 열매가 다릅니다.

내게 주어진 대야와 수건을 꺼내어 다른 사람을 섬길 때, 우리는 채워지지 않은 상태에 있어서는 안됩니다. 채워진 상태에서 봉사해야 합니다. 하나님 안에서 참된 만족과 기쁨을 발견하지 못하고 자신의 채워지지 않는 공허감을 채우기 위해 봉사하는 것은 자신에게도 이웃에게도 그리고 교회에게도 불행한 일이 됩니다. 자신의 욕망을 채울 수는 있을지 모르지만, 그 만족은 잠시 후 더 큰 욕망을 불러옵니다. 그리고 그 행동은 다른 사람들에게 상처를 안겨 주고, 명분으로 내세웠던 주님의 일은 방해받게 됩니다. 실제로 그들이 원하는 것은 주님의 일을 이루는 것이 아니라 자신의 공허감을 채우는 것이기 때문입니다.

뉴저지에서 목회할 때 이런 일이 있었습니다. 당시 저희가 살던 타운에는 라티노(라틴계 미국인)가 많이 살고 있었습니다. 그래서 제가 섬기던 교회는 멕시코인 전도사님을 초청하여 '라티노 미션'(Latino Mission)을 시작했습니다. 지역 신문에 그 소식에 대한 기사가 났습니다. "백인 교회에 부임한 동양인 목사가 라티노들에 대한 사역을 시작했다"는 것이 뉴스거리가 되었습니다. 그 기사가 나간 후, 그 지역에 사는 푸에르토리코인 한 분이 제게 전화를 하여 그 미션을 돕고 싶다고 제안했습니다. 만나 보니, 믿음도 좋고 재능도 많고 열심도 있는 분이었습니다. 초등학교 교사로 은퇴할 즈음에 이르렀는데, 스페인어와 영어를 완벽하게 구사하는 매우 유능한 일꾼이었습니다. 저는 하나님께서 보내주신 천사라고 생각했습니다.

하지만 이 미션은 몇 개월 후에, 그 멕시코인 전도사님과 푸에르토리코인 자원봉사자 사이의 갈등으로 인해 심각한 위기를 맞게 되었습니다. 두 사람이 미션의 주도권을 두고 자주 싸우는 겁니다. 젊은 전도사님은 그 자원봉사자를 두고, "자기가 다 하고, 나는 뒤치다꺼리만 하란다"고 불평합니다. 그 자원봉사자는 "내가 자기 미션을 돕겠다는데, 도움을 받으려 하지 않는다"고 불평합니다. "어떻게 이 미션을 성사시켜 라티노들에게 도움을 줄까?" 하는 애초의 목적은 그들의 관심사에서 떠나 버렸습니다. 주도권을 잡으려는 사람과 빼앗기지 않으려는 사람 사이의 갈등만이 깊어 갔습니다. 언어가 다르고 문화가 다른 사람 둘을 중재하느라, 저도 속이 좀 썩었습니다.

일이 그르치고 나서야, 저는 알 수 있었습니다. 자원봉사자로 나선 그분은 자신에게 있는 것으로 그 미션을 돕겠다고 나섰지만, 사실은 그 마음에 있는 공허감을 채우기 위한 일이 필요했던 것이라는 사실을 말입니다. 그분은 끊임없이 "도우러 왔다"고 말했지만, 실은 "지배하러" 왔었습니다. 그분은 마침내 분노를 안고 교회를 떠났습니다. 그분 자신도, 자신의 마음 안에 있는 숨겨진 동기를 알지 못하고 있음이 분명했습니다. 그 모습을 보면서, 신앙인들이 얼마나 쉽게 자신에 대한 착각에 빠질 수 있는지, 그리고 자신이 착각하고 있다는 사실조차 모른 채, 자신만이 옳다고 생각하고 행동하게 되는지를 깨닫고, 심히 두려워 떨었던 기억이 있습니다. 저도 언제나 그런 위험 앞에 서 있음을 알기 때문입니다. 끊임없이 깨어 있고, 끊임없이 자신을 성찰하고, 끊임없이 하나님 앞에서 겸손히 서지 않으면 그 함정에서 벗어날 방법은 없어 보입니다.

4

개신교 영성 운동의 영향력 있는 지도자 중 하나인 리처드 포스터 (Richard Foster)는 이제는 고전이 된 그의 책 「영적 훈련과 성장」 (*Celebration of Discipline*)에서 '자기 의를 위한 봉사'(self-righteous service)와 '진정한 봉사'(true service)를 대조시켜서 설명해 줍니다. '자기 의를 위한 봉사'란 자기를 드러내기 위한 봉사 혹은 자기 좋은 맛에 하는 봉사를 말합니다. 즉, 채워지지 않는 공허감을 채우기 위해 하는 봉사를 말합니다. 반면, '진정한 봉사'는 하나님 안에서 참된 만족을 발견한 사람이 하는 봉사를 가리킵니다. 어떻게 다른지 한번 보십시다.

첫째, 자기 의를 위한 봉사는 인간적인 노력에서 옵니다. 봉사하기 위해 치밀하게 계획하고 준비합니다. 반면, 진정한 봉사는 하나님과의 관계에서 나옵니다. 내면에서 솟아오르는 거룩한 열망에 따라 행동합니다.

둘째, 자기 의를 위한 봉사는 '큰일'을 도모합니다. 다른 사람의 이목을 끌 만한 큰 업적을 꿈꿉니다. 도모하는 일이 클수록 흥분합니다. 반면, 진정한 봉사는 '큰일'과 '작은 일'을 구분하지 못합니다. 혹시 '커 보이는' 일과 '작아 보이는 일'이 구분된다면, 진정한 봉사자는 작아 보이는 일을 택합니다.

셋째, 자기 의를 위한 봉사는 외적인 보상을 기대합니다. 다른 사람들이 알아주고 칭찬해 주고 보상해 주기를 기대하고, 그렇지 않으면 화를 냅니다. 반면, 진정한 봉사는 알려지지 않아도 상관하지 않습니다. 알려져서 사람들이 칭찬해도 겸손하게 처신하며, 알려지지 않는 것을 더 선호합니다.

넷째, 자기 의를 위한 봉사는 결과에 집착합니다. 하지만 진정한 봉사는 결과에 집착하지 않습니다. 봉사하는 과정 자체에서 기쁨을 얻습니다.

다섯째, 자기 의를 위한 봉사는 누구를 섬길 것인지, 어떻게 섬길 것인지를 자신이 선택합니다. 늘 '섬길 만한 대상'을 찾고, 사람을 차별합니다. 반면, 진정한 봉사는 차별하지 않습니다. 섬길 기회를 발견하면, 누구든지 섬길 수 있습니다.

여섯째, 자기 의를 위한 봉사는 자기의 기분과 변덕에 의해 달라집니다. 기분 좋으면 하고, 기분 나쁘면 하지 않습니다. 반면, 진정한 봉사는 상황에 신실하게 응답합니다. 기분을 따르는 것은 봉사에 방해가 됨을 알고 경계합니다.

일곱째, 자기 의를 위한 봉사는 오래 가지 않습니다. 그리고 봉사는 봉사이고, 생활은 생활이라는 생각에 따라 움직입니다. 하지만 진정한 봉사는 '생활 방식'(life style)입니다. 늘 봉사하며, 무엇을 하든지 봉사하는 마음으로 합니다.

여덟째, 자기 의를 위한 봉사는 봉사를 받는 사람들의 필요와 감정에 둔감합니다. 자기가 하고 싶은 대로 돕겠다고 나섭니다. 반면, 진정한 봉사는 상황에 따라서 물러설 줄도 알고 나설 줄도 압니다. 행동하기 전에 인내심을 가지고 귀 기울일 줄 압니다.

아홉째, 자기 의를 위한 봉사는 공동체를 균열시킵니다. 자기의 공을 세우려 하기 때문입니다. 반면, 진정한 봉사는 공동체를 세우는 일에 헌신합니다.

5

여러분은 이 아홉 가지의 항목을 들으면서 누구를 생각하셨습니까? 여러분 자신을 생각하고 이 항목을 들었다면, 여러분은 성령의 음성을 듣고 계신 것입니다. 만일 나 아닌 다른 누구를 생각하고 있었다면, 여러분은 미혹된 것입니다. 이 아홉 가지 항목을 보고, "나의 봉사는 자기 의를 위한 것이었구나!", "나의 봉사는 채워지지 않는 공허감을 채우기 위한 분투였구나!" 하고 자인하지 않는다면, 우리는 앞에서 예를 든 그 자원봉사자와 별로 다를 바 없습니다. 저도 예외가 아닙니다. 저는 제 자신을 속일 수 없습니다. 자기 의를 위한 봉사와 진정한 봉사의 경계선에서 오락가락하는 제 자신의 모습을 숨길 수 없습니다.

예수님께서는 제자들의 발을 씻어 주시면서, 우리의 대야와 수건을 꺼내 들고 다른 사람들의 발을 씻어 주라고 명령하셨습니다. 얼른 보면, 그리 어려울 것도 없어 보이지만, 실은 그렇지 않습니다. 정말 어려운 일입니다. 대야와 수건을 꺼내 들고 형제자매의 발치에 무릎 꿇는 것도 어려운 일이지만, 그 봉사를 하면서 진실로 상대방을 위하는 마음을 유지하고, 겸손하고 기쁘게 그 일을 지속하는 것은 더 어려운 일입니다. 게다가 발을 다 씻어 주고 조용히 물러나 "나는 그저 할 일을 했을 뿐입니다"라고 말할 수 있는, 그러면서도 마음에 섭섭함이나 분노가 없이, 오히려 신령한 기쁨으로 행복해할 수 있는 그런 마음을 가진다는 것은 더욱 어려운 일입니다. 이러한 행복감을 누리는 동안 틈틈이 비집고 들어오는 부정한 생각, 곧 "이만하면 나는 정말 잘하고 있어"라는 생각을 알아차리고 뿌리치는 것은 더더욱 어려운 일입니다.

분명 어려운 일이지만, 가능한 일입니다. 어떻게 가능합니까? 오늘 시편 131편에서 본 것처럼, 하나님을 이용하려 하지 말고, 그분을 마치 자애로운 어머니처럼 여기고 인격적으로 깊이 사귀어 가노라면, 그것이 가능해집니다. 바로 이런 이유 때문에 예수님은 말로만 명령을 주실 수도 있었으나, 손수 제자들의 발을 씻어 주셨습니다. 먼저 하나님으로부터 사랑을 받고 그분 안에서 회복되고 치유

되지 않으면, 우리는 다른 사람을 제대로 도울 수가 없습니다. 먼저 사랑 당하지 않으면 사랑할 수 없습니다. 돕는다고 하면서 오히려 지배하려 들고, 상처와 갈등만을 만들어 내게 됩니다. 우리의 마음만으로는 안됩니다. 먼저, 그리스도 안에서 드러난 하나님의 사랑에 우리 마음이 푹 잠겨야 합니다.

늘 그런 것은 아니지만, 저는 가끔 진정한 봉사에서 오는 신령한 기쁨에 젖곤 합니다. 그 기쁨은 그 무엇보다도 뿌리 깊고 든든한 행복감을 주지만, 동시에 저를 더 겸손하게 만들고 더 진실하게 만들며 더 조용하게 만듭니다. 제가 들떠서 다닌다면, 자기 의를 위해 분투하고 있다고 보시면 됩니다. 그 무엇에도 구애받지 않고, 자유롭게, 겸손하게, 진실하게, 투명하게, 차분하게 그러나 견실하게 행동할 때는, 바로 제 마음에 주님의 사랑이 가득하여 그 사랑의 힘으로 행동할 때입니다. 아, 이 상태에 언제나 머물러 살면 얼마나 좋을까요? 저만이 아니라, 모든 믿는 사람들이 이렇게 하나님의 사랑에 겨워 그 사랑의 힘으로 사랑의 봉사를 행하는 신령한 기쁨 속에서 살아가면 얼마나 좋을까요?

오, 주님,
저희에게 자비를 베풀어 주소서.
주님을 이용하는 신앙이 아니라
주님을 사모하는 신앙으로 이끄소서.
주님의 품 안에서

주님의 사랑으로

회복되고 치유되고 변화되어

진정한 봉사의 삶을 살게 하소서.

자기 의를 위한 봉사와 진정한 봉사의 경계선에서

저희 손을 잡아 주시어

늘 진정한 봉사에 들게 하소서.

아멘.

6
봉사는 부메랑이다

예수께서 제자들의 발을 씻겨 주신 뒤에, 옷을 입으시고 식탁에 다시 앉으셔서, 그들에게 말씀하셨다. "내가 너희에게 한 일을 알겠느냐? 너희가 나를 선생님 또는 주님이라고 부르는데, 그것은 옳은 말이다. 내가 사실로 그러하다. 주이며 선생인 내가 너희의 발을 씻겨 주었으니, 너희도 서로 남의 발을 씻겨 주어야 한다. 내가 너희에게 한 것과 같이, 너희도 이렇게 하라고, 내가 본을 보여 준 것이다. 내가 진정으로 진정으로 너희에게 말한다. 종이 주인보다 높지 않으며, 보냄을 받은 사람이 보낸 사람보다 높지 않다. 너희가 이것을 알고 그대로 하면, 복이 있다. …… 유다가 나간 뒤에, 예수께서 말씀하셨다. "이제는 인자가 영광을 받았고, 하나님께서도 인자로 말미암아 영광을 받으셨다. [하나님께서 인자로 말미암아 영광을 받으셨으면,] 하나님께서도 몸소 인자를 영광되게 하실 것이다. 이제 곧 그렇게 하실 것이다. 어린 자녀들아, 아직 잠시 동안은 내가 너희와 함께 있겠다. 그러나 너희가 나를 찾을 것이다. 내가 일찍이 유대 사람들에게 '내가 가는 곳에 너희는 올 수 없다' 하고 말한 것과 같이, 지금 나는 너희에게도 말하여 둔다. 이제 나는 너희에게 새 계명을 준다. 서로 사랑하여라. 내가 너희를 사랑한 것 같이, 너희도 서로 사랑하여라. 너희가 서로 사랑하면, 모든 사람이 그것으로써 너희가 내 제자인 줄을 알게 될 것이다." (요한복음 13:12-17, 31-35)

수고하며 무거운 짐을 진 사람은 모두 내게로 오너라. 내가 너희를 쉬게 하겠다. 나는 마음이 온유하고 겸손하니, 내 멍에를 메고 나한테 배워라. 그리하면 너희는 마음에 쉼을 얻을 것이다. 내 멍에는 편하고, 내 짐은 가볍다. (마태복음 11:28-30)

1

자신의 대야와 수건을 꺼내어 이웃을 섬기라는 예수님의 요청은 질 수 없는 짐, 지기 싫은 짐을 지우는 말씀처럼 들릴 수 있습니다. 하지만 실은 그렇지 않습니다. 예수님은 우리를 짓누르고 불행에 빠지게 하려고 이 명령을 주신 것이 아니라, 스스로 짊어진 불필요한 짐으로부터 우리를 해방시키고, 참된 행복으로 인도하기 위해 그렇게 하신 것입니다. 예수님이 한 번은 이런 말씀을 하셨습니다.

> 수고하며 무거운 짐을 진 사람은 모두 내게로 오너라.
> 내가 너희를 쉬게 하겠다.
> 나는 마음이 온유하고 겸손하니,
> 내 멍에를 메고 나한테 배워라.
> 그리하면 너희는 마음에 쉼을 얻을 것이다.
> 내 멍에는 편하고, 내 짐은 가볍다(마 11:28-30).

이 말씀을 처음 들었던 유대인들은 율법의 짐 아래에서 지쳐 있었습니다. 율법을 지켜야만, 일점일획도 빠짐없이 다 지켜야만 구원을 받고 축복을 받는다는데, 아무리 힘쓰고 애써도 그렇게 할 수가 없었습니다. 한편으로는 율법을 지키지 못했다는 '자책감', 또 한편으로는 더 열심히 노력해야 한다는 '부담감', 그리고 또 다른 한편으로는 구원받을 수 없다는 '절망감'이 그들의 영혼을 짓눌렀습니다. 지금 예수님은 이 같은 그들의 영적 피로감, 내면적 절망감에 대해 말씀하고 계십니다.

오늘, 우리는 어떻습니까? 우리의 내면은 과연 만족감과 기쁨과 생명력으로 충만합니까? 아니면, 무력감과 공허감과 무의미로 인해 지쳐 있습니까? 과연 여러분은 "수고하며 무거운 짐을 진 사람은 모두 내게로 오너라"는 초청에서 제외될 사람이라고 생각하십니까? 이 말씀을 읽으시면서, "이 말씀은 나에게 해당되지 않는데?"라고 생각하실 분이 계실 것도 같습니다. 예컨대, 노후 연금도 매달 충분히 나오고, 자녀들이 모두 성공해서 잘 살고 있고, 혹시 있을지도 모를 상황에 대비해 장기요양보험까지 든든하게 들어 놓아, 나중에 드러눕게 되어도 자식들 신세 지지 않을 만큼 되고, 그래서 지금은 하고 싶은 일 다 하면서 복을 누리고 있는 분이라면, 예수님의 이 초청을 듣고도 "어, 나는 아니네?"라고 생각하게 될지 모르겠습니다. 정말 그렇습니까? 그것으로 충분히 만족하십니까?

저는 성도님들로부터 "이건 아닌데!"라는 소리를 더 많이, 더 자주 듣습니다. 믿음생활을 시작한 지 얼마 되지 않는 분으로부터 저는 "생각했던 것보다 더 높이 사회적으로 출세했고, 경제 사정도 이만하면 되었고, 가정도 원만하여, 생각할 때마다 '이보다 더 좋을 수 없다'고 느끼는데, 그래도 문득문득 '이게 전부가 아닐 텐데'라는 느낌이 엄습합니다"라는 고백을 들은 적이 있습니다. 또 어떤 분은 "아무리 돌아보아도 부족한 것이 없는데, 돈으로 할 수 있는 것은 다 할 수 있는데, 남들 부러워하는 것을 다 가졌는데, 가지고 싶은 것은 다 가지고 있고 또한 가질 수 있는데, 그래도 뭔가 비어 있다는 느낌이 드니, 이게 뭔가요?"라고 질문합니다.

하루하루 생존하기조차 힘든 분들은 이런 말에 위화감과 배신감을 느끼실지 모르겠습니다. "그런 세월 좋은 소리를 하고 살다니, 복에 겨웠구나!"라고 생각하실지 모릅니다. "세상에 좋은 것은 다 움켜쥐고는, 뭘 더 가지려고 그러느냐?"며 화를 내실지 모르겠습니다. 그런 말을 들으면서 좌절감이 더 커질지 모르겠습니다. 하지만 여러분, 그 고백 속에 담겨 있는 신음소리를 들어 보시기 바랍니다. 그 고백이 복에 겨워서 하는 소리가 아니라, 참된 복을 얻지 못해서 내뱉는 신음소리임을 살피시기 바랍니다. 그렇게 되면, 여러분도, 지금 여러분에게도 돈보다 더 중요한 것이 있다는 사실에 대해 동의하게 될 것입니다. 복에 겨워서 하는 말처럼 들리는 그들의 고백이 실은 모든 인간에게 공통적이고 근본적인 문제를 가리키고 있음을 깨닫게 될 것입니다. 그렇게 깨닫고 나면, 여러분이 처해 있는 상황이 새롭게 보이고, 그것을 이길 힘을 발견하게 될 것입니다.

2

세상에서 얻을 수 있는, 좋고 크고 비싸고 귀하고 멋진 모든 것을 소유해도 만족되지 않는 것이 인간 존재라는 사실을 깨닫는 것은 참으로 중요합니다. 우리가 살고 있는 자본주의 사회는 "그렇지 않다"고, 물질적인 만족으로 충분하다고 끊임없이 우리를 세뇌시키려 합니다. 하지만 자신에게 조금만 정직해져도 우리가 속고 있음을 알 수 있습니다. 그러고는 그 참된 해결책을 찾기 위해 두리번거립니다. 그것이 하나님을 찾아 가는 첫걸음입니다.

세상에서 얻을 수 있는, 좋고 크고 비싸고 귀하고 멋진 모든 것을 소유하고 싶어서 하나님을 찾는 사람도 있습니다. 장담합니다만, 그런 마음으로는 결코 하나님을 만날 수 없습니다. 그런 마음에는 하나님이 보일 리가 없습니다. 하나님이 보여도 알아차리지 못합니다. 오직 이 세상에서 소유하고 누릴 수 있는 것이 전부가 아님을 인정하고 하나님께 눈을 돌리는 사람에게만, 하나님은 보입니다. 그런 만남만이 참된 신앙에 이르도록 합니다. 하나님을 참되게 만나면, 우리는 하나님 안에서 이웃을 새롭게 발견하게 됩니다. 그리고 그 이웃을 대하는 새로운 태도를 배우게 됩니다. 그것을 예수님은 "섬김"이라고 부르셨습니다.

원래 "섬기다"라는 말은 식탁에서 시중드는 것을 가리키는 말이었습니다. 그러니까 "이웃을 섬긴다"는 말은 이웃과 함께 있으면서 그 사람에게 필요한 것을 공급해 준다는 뜻입니다. 식탁에 앉은 사람이 주인공입니다. 시중드는 사람은 식탁에 앉은 사람이 원하는 것을 알아서 채워 주어야 합니다. 그렇게 시중드는 목적이 어디에 있습니까? 많은 팁을 받기 위해서입니까? 오늘날 식당에서는 당연히 그런 목적으로 섬기지만, 예수님 시대에는 그렇지 않았습니다. 예수님은 당시 부유한 가정에서 시중드는 노예를 생각하고 이 말씀을 하셨습니다. 노예는 시중을 들면서 무슨 대가를 바라지 않습니다.

이처럼 아무 대가 없이 그저 상대방을 사랑하는 하나의 이유만으로 그 사람 곁에 있어 주면서 그 사람의 필요를 채워 주는 것이 바로 예수님이 말씀하시는 "섬김"입니다. 하나님을 참되게 만나 그분의 성품에 참여하면, 이웃이 새로 보이고 진실로 그 이웃을 위해 섬길 수 있게 됩니다. 그럴 때 우리는 비로소 우리 자신을 가두고 있던 감옥에서 벗어나 이웃에게 손을 내밀게 됩니다. 나와 내 가족만 있던 내 삶 속에 하나님과 이웃이 자리를 잡게 됩니다. 나와 내 가족에게만 고정되어 있던 우리의 눈이 밖으로 향할 수 있게 됩니다. 안으로만 오그라들어 있던 손이 밖을 향해 펴지게 됩니다. 이렇게 변화할 때, 죽어 있던 표정이 살아나고, 잃었던 미소가 되살아나며, 삶의 의미를 재발견하고, 생명력이 충만해집니다. 삶의 색깔이 바뀌고, 걸음걸이가 달라지며, 목소리가 달라집니다. 옆에서 지켜보고 있던 사람들이, "당신에게는 있는데 내게는 없는 그것이 무엇입니까?" 하고 묻습니다.

3

정신과 의사들이나 심리학자들이 쓴 글들을 읽어 보면, 현대인들이 겪는 정신 질환 중 많은 것들이 '자기 자신에 대한 지나친 몰두'에서 온다고 합니다. 어떤 정신과 의사는 "자살은 오로지 자기 자신에게만 몰두해 있다는 증거다"라고 단언하기도 합니다. 현대인들의 자기 집착증, 자기 몰두증, 자기 포로증은 갈수록 더 심해져 갑니다. 그렇기 때문에 우울증이나 정서 불안 같은 질환들이 점점 더 심각한 문제가 되고 있습니다. 정신 질환을 치료하는 약품의 소비가 기하급수적으로 늘어난다는 보고가 있습니다. 왜 이렇게 되었습니까? 우리 사회가, 자기중심적으로 살아가는 것이 가장 안전하고 행복한 것이라고 어릴 적부터 사람들에게 주입시키고 있기 때문입니다. 그러나 실은 자기만을 위해 사는 삶은 가장 위험하고 불행한 선택입니다.

저널리스트 애너 퀸들런(Anna Quindlen)은 「뉴스위크」 최근호 칼럼에서, 미국 사회의 병리 현상 중 하나가 지나친 자기방어 본능을 심어 주는 일이라고 꼬집습니다. 예를 들면, 학교에 입학하여 여자 아이들이 처음으로 듣게 되는 강의 중 하나가 성폭행에 대한 예방 교육이라는 것입니다. 학교 어느 구석에서든 성폭행이 일어날 수 있고, 학교에서 만나는 사람이면 누구든 성폭행범일 수 있음을 알고 조심하라고 교육합니다. 이 예방 교육을 통해 학생들이 배우는 것은 자기방어 본능이며, 자기보호 본능입니다. 이러한 교육은 어릴 적부터 시작됩니다. 가정에서, 학교에서, TV를 통해, 심지어 교회학교를 통해서도 "자기 자신을 보호하라. 자신을 잃으면 다 잃는다"는 메시지가 지속적으로 주입됩니다.

그뿐이 아닙니다. 현대의 생활환경은 점점 다른 사람과의 관계를 소홀히 하게 만듭니다. 어릴 때부터 홀로 자라는 아이들이 많습니다. 둘 혹은 세 자녀를 둔 가정도 별로 다를 바가 없습니다. 가족은 다 각기 제 관심사에 따라 홀로 살아갑니다. 저녁을 먹기 바쁘게 모두 다 자기 방으로 들어가 컴퓨터 앞에서 자기만의 세계로 들어갑니다. 다른 사람에게 관심도 없고, 다른 사람과 어울릴 줄도 모릅니다. 그것을 이익의 기회로 삼는 사업가들은, 홀로 즐기는 일을 도와주는 각종 오락기를 만들어 내놓습니다. 며칠 전에 집 근처를 지나다 보니, 어떤 아이가 혼자 뒤뜰에서 축구 연습을 하고 있었습니다. 축구공에 긴 고무줄 같은 것이 붙어 있는데 아이는 그 줄을 허리에 묶고 홀로 공차기 연습을 하고 있었습니다. 공을 받아 줄 사람도 필요 없고 공을 주으러 갈 필요도 없으니, 참 편리하다고 생각할 수 있습니다. 하지만 그러는 과정에서 우리는 점점 이웃을 잃어 가고 홀로 고립되어 살아갑니다.

이 같은 '나 홀로 문화'가 인간성을 향상시켜 주고 인간을 더 행복하게 만들어 줍니까? 대답은 "아니오!"입니다. 오늘날 헤아릴 수 없이 많은 사람들이 스스로 쌓아 놓은 자기만의 성 안에서 스스로를 즐겁게 하다가 시름시름 앓고 있습니다. 예수님 당시 유대인들이 율법의 짐에 눌려 신음하고 있었다면, 오늘날 선진국에 사는 현대인들은 '자기 집착증'이라는 잘못된 가치관에 눌려 신음하고 있다고 할 수 있습니다. 자신을 행복하게 만들어 줄 것으로 알고 선택한 자기 중심적인 생활 방식이 실은 가장 불행한 길로 인도합니다. 그런데도 사람들은 다른 길은 없다고 생각하고, 더 많은 것으로, 더 좋은 것으로, 더 비싼 것으로, 더 최신의 것으로 자신을 만족시키려고 분투합니다.

4

기독교 복음은 이 같은 현대 상황에서 더욱 그 빛을 발합니다. 예수님 당시보다 지금 우리가 사는 이 시대에 예수님의 복음은 더 절실해졌습니다. 예수님 당시 사람들보다 현대인들이 자기의 감옥에 더 많이, 더 깊이, 더 철저하게 갇혀 살고 있기 때문입니다. 기독교의 복음이 가르치는 삶의 방식, 곧 하나님을 인격적으로 깊이 사귀는 "영적 삶"과 이웃을 위해 섬기는 "봉사의 삶"은 우리를 이 감옥으로부터 해방시켜, 참된 행복과 만족과 기쁨으로 인도합니다.

1988년에 *Psychology Today*라는 잡지에 실린 앨런 룩스(Allan Luks)의 글에는 아주 흥미로운 사실이 보도되어 있습니다. 앨런 룩스는 뉴욕에 본부를 둔 'Big Brothers Big Sisters'라는 단체의 사무총장입니다. 신체적으로나 정신적으로 건강한 성인과 자라나는 청소년을 서로 맺어 주어 멘토의 역할을 하도록 돕는 기관이 Big Brothers Big Sisters입니다. 자라면서 역할 모델(role model)이 없었던 많은 청소년들이 이 프로그램을 통하여 방향을 찾고 비전을 발견하고 있습니다.

    앨런 룩스의 칼럼에 따르면, 어떤 기관에서 정기적이고 지속적으로 봉사활동을 하는 1,700명 이상의 여성들을 대상으로 설문 조사를 했는데, 평균 78퍼센트의 응답자들이 봉사활동을 하는 동안에 유사한 경험들을 했다고 응답했습니다. 그 '유사한 경험'이란 "마음이 평온해졌다", "스트레스로부터 해방되었다", "두통이나 다른 고통에서 놓임을 받았다", "삶에 대한 의욕이 높아졌다", "기분이 좋아지고 에너지가 강해졌다"는 것이었습니다. 어떤 사람들은 과중한 업무에서 비롯된 목과 어깨의 긴장이 봉사활동을 통해 사라졌다고 고백하기도 했습니다. 이러한 변화는, 달리기 선수가 얼마 동안을 달린 후에 경험하게 되는 정신적인 고조 상태, 곧 러너스 하이(runner's high)와 유사하여, 앨런 룩스는 이 현상을 헬퍼스 하이(helper's high)라고 이름 지었습니다. 이런 통계를 바탕으로 하여, 그는 이렇게 말합니다. "다른 사람들을 봉사에 참여하도록 격려하고 유도하는 것은 헬스클럽 회원권을 선물하는 것과 마찬가지로 엄청난 선물이다."

    혼동하지 맙시다. 분명히 합시다. 봉사는, 사랑의 섬김은, 나를 이롭게 하기 위해 하는 것이 아닙니다. 다른 사람을 이롭게 하기 위해 나를 희생하는 것입니다. 하나님께로부터 받은 은혜와 복에 감사하여 그 사랑을 나누려는 노력입니다. 그러므로 우리는 봉사로부터 혹은 섬김으로부터 아무런 대가도 바라서는 안됩니다. 하지만 이러한 순수한 희생과 섬김의 삶 속에는 우리가 전혀 기대하지 않은 복이 담겨 있다는 것을 알 필요가 있습니다. 위에서 소개한 조사 연구를 통해 우리는, 우리 인간 존재가 자신만을 위해 살아가도록 지어지지 않았다는 것, 이웃을 향해 손을 내밀고 그들의 필요에 귀 기울이고 그들을 섬기는 것은 인간 존재의 본질이라는 것, 그러므로 그렇게 살아가는 것이 가장 인간답고, 그 삶이 가장 행복한 삶이라는 것을 확인할 수 있어야 합니다.

5

요한복음 13장 34절에서 예수님은 "이제 나는 너희에게 새 계명을 준다. 서로 사랑하여라. 내가 너희를 사랑한 것 같이, 너희도 서로 사랑하여라"고 말씀하십니다. 예수님이 주시는 새 계명이 바로 새로운 멍에요 새로운 짐입니다. 그런데 그 멍에는 지고 다니기에 편하고, 그 짐은 가볍습니다.

왜 그렇습니까? 예수 그리스도 안에서 드러난 하나님의 사랑을 경험하고 그 사랑의 힘으로 사랑하는 것이기 때문에 그렇습니다. 때때로 사랑하는 것이, 섬기는 것이 힘들기도 하지만, 그때마다 우리 안에 있는 주님의 사랑이 우리를 일으켜 세웁니다. 예수님의 멍에는 편하고 그 짐은 가벼운 또 다른 이유가 있습니다. 우리 인간은 사랑하도록, 섬기고 살도록 지어졌기 때문에, 그렇게 살 때 진정한 기쁨과 행복을 찾을 수 있습니다. 그렇기 때문에 짐은 짐인데 무겁지 않고, 멍에는 멍에인데 우리의 어깨를 짓누르지 않습니다. 오히려 그 짐은 우리의 의지를 불러일으키고, 그 멍에는 우리의 몸에 힘을 불어넣어 줍니다.

첫아이를 받아 안았을 때, 저는 제 어깨에 짐이 올려지는 느낌을 받았습니다. 그런데 그 짐은 저를 짓누르기보다는 신기한 힘을 불어넣어 주었습니다. "그래, 내가 네 아버지로 책임을 다해 보리라"는 결의가 생기더라는 말입니다. 군대에서 훈련받을 때, 저는 완전 무장을 하고 연병장에 설 때마다, 제 어깨를 누르는 군장의 무게가 오히려 더 큰 힘을 제 몸에서 끌어올리는 것을 느끼곤 했습니다. 제가 지금 섬기고 있는 교회로 파송이 확정되고 나서 홀로 서서 기도할 때, 제 어깨를 누르는 짐을 느꼈습니다만, 그 짐은 저에게 새로운 용기와 힘을 불어넣어 주었습니다.

주님께서 우리 어깨에 지워 주시는 짐과 멍에가 그렇습니다. 나의 대야와 수건을 꺼내어 다른 사람을 섬기라는 사랑의 계명은 결코 만만한 멍에가 아닙니다. 결코 만만히 볼 짐이 아닙니다. 그러나 그 멍에를 메고 그 짐을 멜 때, 우리 안에는 신비로운 의지와 힘이 솟아오릅니다. 그것이 사랑의 기쁨이요 섬기는 기쁨입니다. 바로 그것이, 심리학자들이 말하는 '헬퍼스 하이'의 원천입니다.

6

마지막으로, 빌 하이벨스(Bill Hybels) 목사님이 쓴 「섬김」(*The Volunteer Revolution*)에서 읽은 한 봉사자의 이야기를 전합니다.

제 직업은 차입 거래를 통해 부도회사를 사고파는 금융업입니다. 그래서 때로는 냉혈한 같은 모습이 필요합니다. 하지만 일요일이면 세 살배기 아이들로 가득 찬 유아실에서 봉사를 합니다. 주일날 아이들을 가르치고, 가끔 똥오줌 묻은 기저귀를 가는 단순한 일을 하고 나면 주중에 수백만 달러가 오가는 아찔한 순간들을 다시 감당해 낼 수 있는 활력이 생깁니다. 아이들을 섬기면서 오히려 제 마음이 부드러워지기 때문이지요.

여러분은 어떻습니까? 혹시 "왜 삶이 이럴까? 좀 신나는 것 없을까? 뭐 좀 살맛나게 하는 것 없을까?" 질문하며 찾고 계십니까? 해답은 여러분이 그동안 바라보며 추구하던 방향에 있지 않을 가능성이 큽니다. 고개를 돌려서, 자랑할 만하지 않은 일, 돈 되지 않는 일, 자신의 체면에 손상이 갈 것 같은 일들을 찾아보시기 바랍니다. 나와 내 가족만을 보지 말고, 고개를 돌려 이웃을 보시기 바랍니다. 그리고 나의 대야와 수건을 꺼내어 봉사해 보시기 바랍니다. 봉사하는 동안, 그 일의 거죽만 보지 말고, 그 일이 맺어 줄 최종적인 열매를 바라보시기 바랍니다. 어린아이의 기저귀를 갈아 주는 작은 일이 하나님 안에서 얼마나 귀한 열매로 자랄지를 생각해 보시기 바랍니다. 그 초점을 잃지 않고 섬길 때, 우리는 전혀 상상하지도, 예상하지도 않은 곳에서 삶의 의미에 대한 해답을 발견하게 될 것입니다. 봉사, 곧 섬김은 부메랑과 같이 나 자신에게 은혜와 축복으로 돌아온다는 사실을 깨닫게 될 것입니다.

주님은 말씀하십니다. "너희가 이것을 알고 그대로 하면, 복이 있다"(요 13:17). 틀림없는 주님의 약속입니다. 주님은 이런 말씀도 하십니다. "너희가 서로 사랑하면, 모든 사람이 그것으로써 너희가 내 제자인 줄을 알게 될 것이다"(요 13:35). 우리가 참으로 행복해지는 길, 우리가 다른 사람을 참으로 행복하게 하는 길, 그리고 우리가 진실로 예수님께 속해 있음을 드러내는 길은 다른 사람을 섬기는 데 있다는 말씀입니다. 그것이 복음을 제대로 사는 길이요, 복음을 가장 잘 전하는 길이라는 말씀입니다. 이렇게 살 수 있다면, 얼마나 좋겠습니까? 주님께서 이 소원을 이루어 주시기를 빕니다.

주님,
사랑의 비밀을,
섬김의 비밀을,
복된 삶의 비밀을
깨닫게 하시고
사모하게 하시고
실천하게 하소서.
그리하여
진실로 복된 삶에 이르게 하소서.
아멘.

7
왕이 아니라 종이다

이제 나는 너희에게 새 계명을 준다. 서로 사랑하여라. 내가 너희를 사랑한 것 같이, 너희도 서로 사랑하여라. 너희가 서로 사랑하면, 모든 사람이 그것으로써 너희가 내 제자인 줄을 알게 될 것이다. (요한복음 13:34-35)

그리스도께서 우리를 해방시켜 주셔서, 자유를 누리게 하셨습니다. 그러므로 굳게 서서, 다시는 종살이의 멍에를 메지 마십시오. …… 형제자매 여러분, 하나님께서는 여러분을 부르셔서, 자유를 누리게 하셨습니다. 그러나 여러분은 그 자유를 육체의 욕망을 만족시키는 구실로 삼지 말고, 사랑으로 서로 섬기십시오. 모든 율법은 "네 이웃을 네 몸과 같이 사랑하여라" 하신 한 마디 말씀 속에 다 들어 있습니다. 그런데 여러분이 서로 물어뜯고 잡아먹고 하면, 피차 멸망하고 말 터이니, 조심하십시오. (갈라디아서 5:1, 13-15)

1

얼마 전에 교계 신문을 훑어보는데, 문득 제 눈길을 사로잡는 교회 광고가 있었습니다. '꿈이 있는 교회'라는 교회 이름도 특이했지만, 목회자의 이름 앞에 붙은 명칭이 더 특이했습니다. 미국 조지아 주에 있는 이 교회는 두 분의 목사님이 공동 목회를 하시는데, 목회자 이름 앞에 일반적으로 사용하는 '담임목사' 혹은 '당회장'이라는 명칭 대신, '섬기는 노예들'이라고 붙여 놓았습니다. 가끔 '섬기는 사람들'이라는 명칭은 보았지만, '섬기는 노예들'이라고 이름 붙인 것은 처음 보았습니다. 그것을 보고, "와, 이 목사님들, 대단하시다!"라는 생각을 했습니다. 많은 목회자들이 '종'이라는 명칭에 대해 불편해하는데, 이분들은 한술 더 떠서 '노예'라고 스스로를 불렀기 때문입니다. 종이라는 말과 노예라는 말은 동의어이기는 하지만, 영어로 servant와 slave의 차이만큼, 어감상 차이가 많습니다.

어떤 부흥사들은 목회자를 종이라고 부르는 버릇을 고치는 것을 사명처럼 생각합니다. '거룩한 제사장'인 목회자를 '종'이라고 부르는 것은 합당치 않다고 말씀하십니다. 굳이 부르려면, '주의 종'이라고 하지 말고 '주의 사자'라고 부르라고 가르칩니다. '사자'(messenger)라는 말은 엄밀하게 말해서 '종'이라는 말과 같은 말입니다. 제가 어릴 적에 심부름 하는 사람들을 가리켜 '사환'이라고 불렀는데, '사자'나 '사환'이나 '종'이나 '노예'나 다 같은 말입니다. 그런데 왜 '종'이라고 불리는 것보다 '사자'라고 불리는 것을 더 좋아하는지 모르겠습니다. 아마도 부지불식간에 동물의 왕 '사자'를 연상하고 있는 것 같다는 생각이 듭니다. 이렇게 가르치다 보니, 어떤 분들은 목회자를 부를 때 '종님'이라는 이상한 말을 만들어 사용하기도 합니다.

우리가 좋든 싫든, 뒤집지 못할 진리가 있습니다. 예수 그리스도를 주님으로 따르는 사람들은 모두 종이요 노예요 사환이요 사자라는 사실입니다. 예수님을 "주님"이라고 불렀으니, 그 말을 뒤집으면, 우리는 종이라는 뜻입니다. 뿐만 아니라, 주님께서는 우리를 변화시켜 다른 사람들을 섬기는 종으로, 노예로, 사환으로, 사자로 일하게 만드십니다. 목회자만 그런 것이 아닙니다. "내가 진실로 예수 그리스도를 영접했다"고 믿는 사람이라면 누구나 종의 신분을 가지게 됩니다.

예수 그리스도를 주님으로 영접하면, 우리는 하나님의 자녀로, 하나님의 유산 상속자로, 왕 같은 제사장으로 높여지는 동시에, 예수 그리스도의 종이요 모든 사람의 종으로 낮추어집니다. 이 신분의 변화를 분명히 알아야 합니다. 그렇지 않으면 나의 대야와 수건을 꺼내어 다른 사람을 섬기는 일을 하기도 어렵고, 그 일을 오래 지속할 수도 없고, 일을 하면서 기쁨과 보람을 얻을 수도 없습니다.

2

갈라디아 사람들에게 보낸 편지에서 바울 사도는, 예수 그리스도 안에서 얻게 되는 자유를 이렇게 선언합니다.

> 그리스도께서 우리를 해방시켜 주셔서, 자유를 누리게 하셨습니다. 그러므로 굳게 서서, 다시는 종살이의 멍에를 메지 마십시오 (갈 5:1).

하나님의 자녀로서, 하나님의 유산 상속자로서, 왕 같은 제사장으로서 그리스도인들이 누리게 되는 자유를 이렇게 표현하고 있습니다. 예수 그리스도께서는 우리를 죄와 죄책감과 죄로 인한 형벌에서 해방시켜 주셨고, 그로써 율법의 굴레로부터 해방시켜 주셨습니다. 운명의 굴레로부터 해방시켜 주셨고, 온갖 유혹의 올무로부터 해방시켜 주셨습니다. 우리를 억눌러 헛된 삶을 살게 했던 악한 영의 굴레로부터 해방시켜 주셨습니다. 이제는 진리와 사랑 안에서 자유롭게 살아갈 수 있게 되었습니다. 예수 그리스도를 통해 하나님과 하나되어 살아가면 이 같은 자유를 누리게 됩니다.

그런데 그로부터 몇 구절 뒤에, 바울 사도는 이런 말씀을 덧붙입니다.

> 형제자매 여러분, 하나님께서는 여러분을 부르셔서, 자유를 누리

게 하셨습니다. 그러나 여러분은 그 자유를 육체의 욕망을 만족시키는 구실로 삼지 말고, 사랑으로 서로 섬기십시오(갈 5:13).

개역성경에는 마지막 부분이 이렇게 번역되어 있습니다. "사랑으로 서로 종노릇하라." 이제 막 종살이에서 해방되어 자유의 맛을 보기 시작한 사람들에게, 다시 종이 되라고 요청하는 것입니다.

얼른 보면 모순되어 보이지만, 가만히 보면 앞에서 말한 종살이와 뒤에서 말한 종노릇이 전혀 다른 것임을 알 수 있습니다. 앞에서 말한 종살이는 우리를 억압하고 파괴하고 멸망으로 이끄는 힘에 눌려 사는 것을 가리킵니다. 반면, 뒤에서 말하는 종노릇은 성령의 자유케 하시는 힘에 따라 살아가는 것을 가리킵니다. 앞에서 말한 종살이는 의지에 반하여 그렇게 된 것이고, 뒤에서 말하는 종노릇은 기쁨으로 선택하는 것입니다. 앞에서 말한 종살이는 하나님의 자녀가 노예로 전락하여 살아가는 상태를 말하는 것이며, 뒤에서 말하는 종노릇은 하나님의 자녀로 회복된 사람이 그 은혜와 사랑에 감격하여 사랑을 실천하는 삶을 가리킵니다. 믿는 사람들이 모두 종이며 노예이며 사환이며 사자라는 말은 바로 이런 뜻에서 하는 말입니다. 우리를 억압하고 파괴하는 힘에 속박되어 노예 상태로 살아가라는 말이 아니라, 하나님의 고귀한 자녀로 회복되어 다른 사람을 사랑으로 섬기는 삶을 살아가라는 말입니다.

그러므로 바울 같은 "사랑의 노예"가 되기 위해서는 먼저 두 가지가 꼭 필요합니다. 하나는 예수 그리스도 안에서의 신분 회복입니다. 예수 그리스도 안에서 죄를 용서받고 거룩해지며 변화 받음으로 하나님의 자녀로, 하나님의 유산 상속자로, 왕 같은 제사장으로 신분이 회복되는 경험이 있어야 합니다. 그것이 그리스도인이 얻게 되는 자유입니다. 행복입니다. 기쁨입니다. 이 신분 회복의 경험은 예수 그리스도의 은총을 통해 영이신 하나님과 깊이 사귀는 과정에서 일어납니다. 어떤 사람에게는 한순간에 그런 자각이 생기고, 또 어떤 사람에게는 점차적으로 그런 믿음이 형성됩니다.

다른 하나는 그 신분 회복에서 오는 기쁨과 감격과 능력으로 자신을 낮추어 다른 사람들을 섬기는 삶입니다. 하나님께서 우리를 고귀한 신분으로 회복시키시는 이유는 우리가 그 자리에서 내내 즐기고 살라는 뜻이 아닙니다. 예수님이 그러셨던 것처럼, 그 특권과 권세와 능력을 우리 자신이 아니라 다른 사람의 유익을 위해 사용하기를 기대하십니다. 그럴 때 그 섬김은, 그 종노릇은 굴욕감이 아니라 성취감과 자존감을 제공해 줄 것입니다. 그렇게 살 때, 우리 자신도 진정한 유익을 경험할 수 있습니다.

3

이렇게 생각하면, "종"이라고 불려도 아무 상관이 없습니다. 아니, 종을 종이라고 부르는 데 이의가 있을 수 없습니다. 그런데 그렇게 불리는 것을 좋아하는 사람들이 드뭅니다. 아니, 자신은 종이 아니라고, 종이라고 부르지 말아 달라고 목소리를 높입니다.

제가 신학대학에서 가르칠 때에 목회자들이 모인 모임에서 강의할 때면, 자주 성경 말씀에 근거하여 "목사는 종입니다. 왕이 아닙니다"라고 말씀드리곤 했습니다. 그런 말씀을 드리고 나면, 강의가 끝난 후, 꼭 몇 분이 찾아와서 이의를 제기하곤 했습니다. 그분들이 하는 말입니다.

저도 교수님의 말씀이 원론적으로는 맞는다고 생각합니다. 하지만 목회 현장에서는 그럴 수 없습니다. 교수님이 아직 목회 현장을 모르셔서 그런 말씀을 하십니다. 어떤지 아세요? 제가 종으로 내려앉는 순간, 교인들이 짓밟으려 합니다. 저를 "종님"이라고 부르던 분들이 어느 순간 "종놈"이라고 부릅니다. 저를 자기들의 종처럼 여기고 별 일을 다 시킵니다. 목회를 제대로 하기 위해서는, 목사가 종이 아니라 왕이라는 신학이 필요합니다.

교회가 이런 지경이 되었다니, 참으로 안타깝습니다. 교회는 신앙이 깊어질수록 더 낮아져서 다른 사람을 섬기는 곳입니다. 반면, 이 세상은 실력이 커질수록 더 높이 올라가서 다른 사람을 지배하는 곳입니다. 위에서 인용한 고백은 교회가 세상과 별로 다를 바 없게 되었다는 실상을 우리에게 전해줍니다. 교인들에게 짓밟힐까 두려워 자신의 참된 신분을 거부하려는 목회자나, 스스로 낮추어 종처럼 섬기는 목회자를 함부로 여기고 부리려는 교인이나, 타락한 정도로 따지면 난형난제입니다.

이민 교회를 보면, 교인들의 종살이를 하는 목회자가 많고 목회자를 종 부리듯 하는 교인들도 많습니다. 그렇게 목회하면서 탈진하고 낙오하는 분들도 많습니다. 제가 아는 어떤 분은 아예 목회 현장을 떠나고는 다시는 돌아올 생각도 하지 않습니다. 목회자를 종 부리듯 하는 교인들을 보면, 유사한 속성을 가지고 있습니다. 자신이 필요한 만큼 목회자를 부리다가, 성에 차지 않거나 필요가 없어지면 등을 돌려 버립니다. 자신을 위해 종노릇하듯 헌신한 목회자에 대해서는 "무능해서 그렇다"고 폄하해 버립니다. 얼마나 많은 이민 목회자들이 이렇게 야위어 가는지요! 얼마나 많은 교회들이 이렇게 신음하고 있는지요!

분명히 확인할 것이 있습니다. 예수 그리스도를 "주님!"이라고 진실하게 고백하는 사람은 목회자든, 장로든, 권사든, 집사든, 직분 없는 사람이든, 모두 다 그리스도의 종입니다. 그들은 모두 "자원하는 종"입니다. "자원하는 종"이라는 말을 주목하시기 바랍니다. 이 말은 무슨 뜻입니까? 다른 사람에게 종노릇을 강요할 아무런 자격이나 권리가 우리에게 있지 않다는 뜻입니다. 다만, 우리 스스로 자원하여 기쁨으로 즐거이 다른 사람에게 종노릇하라는 부름만이 있습니다. 다른 사람이 내게 종노릇을 할 때, 우리는 그것을 당연히 여기고 받을 아무런 자격도, 권한도 없습니다. 그런 것을 받을 때마다 겸손해야 하고 감사해야 하며 자신도 다른 사람을 섬김으로 그 빚을 갚을 생각을 해야 합니다.

4

종노릇하기를 꺼리는 가장 큰 이유는, 어떻게 하는 것이 종노릇을 하는 것인지에 대해 오해하기 때문입니다. 종노릇의 본질은 허드렛일, 아무도 하기 싫어하는 일, 귀찮고 짜증나는 일을 하는 것에 있지 않습니다. 무슨 일을 하느냐가 종노릇을 결정하는 것이 아닙니다. 어떤 태도로 일하느냐가 종노릇을 결정합니다.

예수님이 말씀하시는 종노릇을 하기 위해 반드시 알아야 할 두 가지 요소가 있습니다. 첫째, 자신에게 맡겨진 일이 무엇인지 알고 그 일에 충실하는 것입니다. 신실한 종은 자신에게 맡겨진 소임(task)이 무엇인지 압니다. 종마다 맡겨진 소임이 다릅니다. 부엌에서 음식을 만드는 종이 있고, 청소하는 종이 있고, 아이들을 돌보는 종이 있습니다. 그처럼 그리스도의 종들에게도 각각 주어진 소임이 다릅니다. 말씀을 전하는 종이 있고, 성도들을 돌보는 종이 있고, 돌아다니며 구제하는 종이 있고, 행정을 맡아 하는 종이 있습니다. 종이 자신의 책임을 다하기 위해 가장 중요한 것은 자신의 소임이 무엇인지 알고 그 일에 전심을 다하는 것입니다. 청소 맡은 종이 부엌일에 기웃거려서는 안된다는 말씀입니다.

이런 원칙에서 본다면, 목회자가 교인들을 제대로 섬기기 위해서는 자신이 전심을 다해야 할 소임이 무엇인지를 분명히 알고 그것에 전념해야 합니다. 그렇게 하도록 교우들이 도와주어야 합니다. 목회자가 전심을 다해야 하는 일은 부단한 영적 생활을 통하여 영성을 키우고, 그 영성에 기초하여 성도들을 돌보고 양육하여, 거룩함에 있어 함께 자라 가도록 돕는 것입니다. 목회자가 시간을 내어 교인 가족의 여행 가이드를 해 주거나 혹은 이삿짐을 날라 주는 것은 참으로 감동스러운 일일지 모르지만, 그것이 목회자의 소임을 다하는 일에 손상을 준다면, 잘했다고 할 수 없습니다. 말씀 전하는 일은 귀한 일이고, 여행 가이드나 이삿짐 운반이 천한 일이어서 그런 것이 아닙니다. 다 귀한 일입니다. 문제는 자신에게 맡겨진 일에 얼마나 전심을 다할 수 있느냐에 있습니다.

이해하기 좋도록 목회자의 예를 들었지만, 실은 이 원칙은 믿는 사람들 모두에게 적용되어야 합니다. 교회 안에서뿐 아니라, 우리의 가정과 직장에서도 적용되어야 할 원칙입니다. 직원들이 할 일을 사장이 대신하는 것은 종노릇하는 것이 아닙니다. 사장이 종처럼 직원들을 섬기기 위해 가장 먼저 할 일은, 사장으로서 자신이 무엇을 해야 하는지를 분명히 알고 그것에 전념하는 것입니다. 대통령이 백성을 종처럼 섬기는 것은 좋은 일입니다. 그러기 위해 대통령은 자신에게 맡겨진 소임에 전심을 다해야 합니다. 대통령이 백성을 섬기고 싶다고 해서 새벽에 나와 길거리를 청소해서는 안되는 일입니다. 물론, 백성들의 아픔을 체험해 보기 위해 가끔 추운 새벽에 나와 청소를 해 본다면, 대통령의 소임을 다하는 데 큰 도움이 될 것입니다. 하지만 대통령이 백성을 위해 종노릇을 제대로 하려면, 무엇보다도 먼저 자신에게 맡겨진 일에 전심을 다하여 최상의 결과를 만들어 내야 합니다.

교회 안에서도 마찬가지입니다. 교회를 위해 어떤 일로 헌신하기로 마음을 정했으면, 자신이 해야 할 일이 무엇인지를 분명히 알고 그 일에 전심을 다해야 합니다. "이 일은 내 소관이니, 아무도 참견하지 말라"는 식의 고집을 말하는 것이 아닙니다. 자신이 맡은 일을 정성으로 받들어 그 일을 통해 다른 사람들에게 유익이 끼치도록 해야 한다는 말입니다. 단에 서서 설교를 하는 것도 종노릇하는 일이며, 부엌에서 설겆이 하는 일도 종노릇하는 일입니다. 다 같은 일입니다. 다만 맡겨진 사람이 다를 뿐입니다. 신실한 종은 무슨 일이 맡겨지든 자신에게 맡겨진 일에 최선을 다하는 사람입니다.

5

그리스도의 종노릇하기 위해 필요한 두 번째 요소가 있습니다. 그 일을 통해, 일을 맡기신 주인의 뜻을 이루도록 마음의 중심을 지키는 것입니다. 제가 목회자의 소임을 다하기 위해 노력하는데, 그 노력의 목적이 제 자신을 내세우고 더 많은 수입을 얻고 더 많은 명예를 쌓고 더 널리 알려지는 것에 있다면, 저는 종노릇을 하고 있는 것이 아니라, 주인 노릇을 하고 있는 것입니다. 하나님께서 저를 교회에서 섬기도록 세워 주신 것은 저의 부귀영화를 위한 것이 아닙니다. 하나님께서 뭔가 이루시려는 일이 있어서 저를 그곳에 세워 주셨습니다. 그러므로 제가 종처럼 성도들을 섬기기 위해서는 저와 교회를 향한 하나님의 뜻을 부단히 찾고 그 뜻을 받들어야 합니다.

이처럼, 신실한 종으로 살기 위해서는 하나님의 부르심을 가장 귀하게 여기는 가치관의 변화가 있어야 합니다. "그 무엇도, 하나님의 부르심을 따르는 내 걸음을 흔들리게 하지 못하리라!"는 분명한 태도가 있어야 합니다. 이 세상에서 얻을 수 있는 가장 귀하고 비싸고 크고 화려한 것보다 하나님의 부르심을 따르는 것이 더 귀하다는, 흔들리지 않는 믿음이 있어야 합니다. 그럴 때 우리는 우리에게 맡겨진 일을 통해 하나님께 영광을 돌리고 이웃에게 유익을 끼치는 삶을 살 수 있을 것입니다.

이렇게 살아가려는 사람에게, 우리를 에워싸고 있는 타락한 자본주의 정신은 큰 유혹이 아닐 수 없습니다. 제가 자본주의 '정신'의 위험성에 대해 말씀드리는 것은, 자본주의를 전면적으로 부정하거나 정죄하려는 의도가 아닙니다. 다만, 자본주의 정신이 가지고 있는 위험 요소에 대해 경각심을 고취시키려는 것입니다. "왜 소명을 위해 살려는 사람에게 자본주의 정신이 큰 유혹이 되는가?" 소명에 따라 섬기며 살려는 사람들은 사회적인 신분이나 권력의 크기나 보수의 다소 등을 따지지 말아야 하기 때문입니다. 하지만 자본주의 정신은 신분의 높고 낮음, 권력의 크고 작음, 보수의 많고 적음에 따라 자신의 값이 달라진다고 생각하게 만듭니다. 그런 것에 이끌리다 보면, 소명에 따라 사는 것은 불가능해지고, 종노릇하는 것은 더더욱 불가능해집니다. 소명에 따라 자신에게 맡겨진 일을 통해 종노릇하려는 사람들은 때로 보수가 없는 작은 일에도 기쁨으로 나설 수 있는 사람이며, 자신이 누리던 특권과 권력을 기꺼이 내려놓을 수 있는 사람입니다. 그것이 그리스도인이 마땅히 누려야 할 자유입니다.

6

제가 존경하고 좋아하는 신약학자가 있습니다. 저의 박사 논문을 외부 심사위원 자격으로 읽고 도움을 주신 분입니다. 지금은 켄터키에 있는 애즈베리 신학교(Asbury Theological Seminary)에서 봉직하고 있는 벤 위더링턴 3세(Ben Witherington III)입니다. 저의 학위 논문을 심사할 즈음에 그분은 저서 한 권을 막 세상에 내보인 소장 신학자였습니다. 그런데 그 이후로 거의 매년, 아주 비중 있는 저서들을 출판하면서, 현재 미국 신약학계의 권위자 중 한 사람으로 인정받고 있습니다. 미국 미디어에서 기독교의 문제에 대해 다룰 때, 자주 이분에게 '한 말씀'을 청합니다.

이 정도가 되면, 더 크고 전통 있는 대학교에서 부름을 받게 되어 있습니다. 그리고 그 정도의 명성 있는 학자라면 University Distinguished Professor 같은 명함과 함께 대단한 보수를 받을 수 있습니다. 게다가 학자의 보람은 무엇보다도 수재들이 모인 학교에서 가르치고 연구하면서 '박사 제자'들을 많이 배출해 내는 것입니다. 그런데 애즈베리 신학교에서는 박사를 배출해 낼 수 없습니다. 그곳은 목사를 키워 내는 학교입니다. 그러니 큰 대학교로 자리를 옮기고 싶은 유혹이 매우 큽니다.

그런데 벌써 20년 가깝도록 그분은 그 자리에 그대로 있습니다.

분명 일 년에도 몇 차례씩 스카웃 제의를 받을 텐데, 요동하지 않고 작은 시골 학교에 그대로 머물러 있습니다. 우리 교회의 부목사님 한 분이 이 학교에서 신학을 공부했습니다. 이 교수님의 강의를 들은 바가 있다 해서, 제가 물어보았습니다. 그랬더니, 다음과 같은 이야기를 제게 전해 주셨습니다. 어느 날, 강의 시간에 기타를 들고 오더니 자신의 애창곡을 멋지게 부르고 나서, 자신이 어떻게 신학을 하게 되었고, 어떻게 켄터키 시골까지 오게 되었으며, 왜 그곳에 머물러 있는지를 담담하게 고백하더라는 겁니다. 그 이유는 단 하나, 그것이 하나님의 뜻이라고 믿어지기 때문이라는 겁니다. 왠지 모르지만, 그곳에서 머물러 연구하며 가르치는 것이 하나님의 부름이라고 느껴진다는 겁니다. 얼마 전에도 시카고에 있는 매우 명성 있는 학교에서 좋은 조건의 스카웃 제의가 있었지만, 자신은 그냥 그곳에 있을 것이라고 말하더랍니다.

저는 이 이야기를 듣고, "과연, 내 믿음이 옳았구나!"라고 생각하며 마음이 기뻤습니다. 그분이 신학만 옳은 것이 아니라 삶도 옳다는 사실을 확인했기 때문입니다. 실력 있는 신학자는 많습니다. 잘 가르치는 신학자도 많습니다. 탁월한 사상을 가진 신학자도 많습니다. 그러나 알고 가르치는 대로 살려고 노력하는 신학자는 드뭅니다. 그것은 거의 기적 같은 일입니다. 제가 그 세계 안에서 살았기 때문에 잘 압니다.

하지만 이런 선택이 목사나 신학자에게만 있는 것이라고 생각하지 마십시오. 예수님을 주님으로 믿고 모든 사람을 섬기는 종의 삶을 살기를 원하는 그리스도인이라면, 누구나 이런 고민을 해야 하고 이런 '기적 같은 선택'을 할 수 있어야 합니다. 일생에 한 번 이런 위대한 선택을 하기를 꿈꾸기보다는, 매일매일 해야 하는 선택 앞에서 주님의 뜻을 찾고, 손익이 아니라 소명에 따라 선택하는 연습을 해야 합니다. 그럴 때 우리는 일생일대의 중대한 선택에 직면했을 때에도, 위더링턴 교수처럼 소명을 따라 선택하는 참된 자유를 누릴 수 있을 것입니다.

물론, 꼭 이렇게 해야 한다는 뜻은 아닙니다. 믿음이 좋은 사람도 더 좋은 직장 혹은 더 좋은 대학교로 옮겨 갈 수 있습니다. 문제는 동기에 있습니다. 더 많은 수입을 위해 혹은 더 큰 명예를 위해 옮겨 간다면, 잘하는 것이라고 할 수 없습니다. 하지만 더 잘 섬길 수 있으리라 믿고, 혹은 더 의미 있는 일을 할 수 있으리라 믿고 옮겨 간다면, 하나님은 그것을 기뻐하실 것입니다. 저는 위더링턴 교수가 얼마 후 좋은 학교로 옮겨 간다고 해도 실망하지 않을 것입니다. 지금까지 그가 살아온 것을 볼 때, 더 큰 명예나 보수 때문에 결정할 사람이 아니라고 믿기 때문입니다. 언제나 작고 뒤떨어진 학교에만 있어야 한다고 고집하는 것은 구속되었다는 뜻입니다. 그것이 결정의 기준이 될 수 없습니다. 하나님의 부름, 그 일을 통하여 이루려는 목적이 중요합니다.

저에게도 이런 일이 있었습니다. 제가 10년 동안 섬긴 대학교가 있습니다. 6년 정도 지났을 때, 저의 은사께서 섬기시던 대학교의 총장이 되시면서 당신의 후임으로 오겠느냐고 물으셨습니다. 그분이 계신 대학교는 역사와 전통이 있는, 제가 속한 교단에서 제일 좋은 대학교입니다. 명예도 보수도 학생들의 수준도 모두 제가 있던 학교보다 나았습니다. 그것은 큰 유혹이었습니다. 제가 "가겠습니다"라고 대답만 하면, 거의 되는 것이나 다름이 없었습니다. 저는 그 문제를 붙들고 기도했습니다. "그곳에 꼭 가게 해 주십시오"라고 기도한 것이 아니라, "이것이 기회입니까, 위기입니까?"라고 묻는 기도를 올렸습니다.

몇 주 동안 이런 기도를 드리는 중에 갈피가 잡혔습니다. 그래서 은사님께 연락을 드렸습니다. 저는 갈 수 없으니, 다른 사람을 부르시라고 말씀드렸습니다. 많은 사람들이 저의 이 결정을 이해하지 못했습니다. 하지만 저는 그곳으로 갈 아무런 "성경적인 명분"을 찾을 수 없었습니다. 세상적인 명분에 팔려 가고 싶지는 않았습니다.

저는 그때의 결정이 제 인생 여정에서 가장 잘한 결정 중 하나라고 생각하고 있습니다. 그 결정으로 인해 저는 상상할 수 없는 자유를 누렸습니다. 그 이후에도 여러 번 거취를 정하는 결정을 했지만, 그때마다 그 결정이 모델이 되었습니다. 학교에 사직서를 낼 때도 그랬고, 쇠퇴해 가는 시골의 미국인 교회를 맡아 갈 때도 그랬고, 그리고 지금의 교회로 부름을 받을 때도 그랬습니다. 언제나 소명을 물었습니다. 그렇기 때문에 지금도 자유롭습니다. "이곳은 내 자리가 아니다" 혹은 "이 일은 내 소명이 아니다" 싶을 때면, 언제든 떠날 마음의 준비가 되어 있습니다. 또한 바로 그런 이유 때문에, 저의 소명이라고 믿어지는 한 쇠힘줄보다 강한 투지로 헌신하고 섬길 것입니다.

7

성도 여러분, 여러분은 누구입니까? 예수 그리스도를 주님으로 영접하셨습니까? 그 믿음 안에서 신분의 회복을 경험하셨습니까? 하나님께서 예수 그리스도의 은혜 가운데 여러분을 얼마나 영화롭게 하셨는지, 여러분의 신분이 얼마나 귀한 것으로 바뀌었는지 깨달아 알고 계십니까? 아직 그렇지 않다면, 주님 안에서 더욱 하나님께 나아가기 바랍니다. 그분 안에서 여러분의 마음의 눈이 열려, 하나님 안에서 여러분 자신을 새로이 발견하게 되기를 바랍니다. 하나님 안에서 여러분이 얼마나 고귀한 존재인지를 알게 되기 바랍니다. 그것을 알지 못하고는 우리는 "참 나"를 찾을 수 없습니다.

하나님 안에서 나를 새로이 그리고 참되게 발견할 때, 우리는 비로소 이웃을 섬길 수 있습니다. 하나님 안에서 얻은 참된 자유로써 우리 자신을 낮추어 이웃을 위해 종노릇할 수 있습니다. 하나님께서 우리에게 주신 소임에 전념할 수 있습니다. 그 일로 나를 드러내거나 나의 유익을 찾지 않고, 대신 하나님의 사랑을 드러내고 다른 사람의 유익을 위해 섬기게 됩니다. 그리고 그것이 바로 진실로 나를 유익하게 하는 유일한 길임을, 천천히, 점진적으로 그러나 반드시 알게 될 것입니다. 사랑의 주님께서 우리 모두를 이 길로 인도하시기를, 우리 모두가 이 길 안에서 견고하게 걸어가게 되기를 간절히 기원합니다.

왕이신 주님,

주님은 종으로 오셔서 우리를 섬기셨습니다.

그로써 저희를 왕 같은 제사장으로 높여 주셨습니다.

주님,

저희가 주님을 따르도록 도와주소서.

주님처럼

왕 같은 제사장의 위치를 떠나

종으로 내려앉아

형제자매들을 섬기게 하소서.

가정에서나, 직장에서나, 교회에서나

저희를 참되고 신실한 종으로 살게 하소서.

아멘.

8
사귐과 섬김이 넘쳐나다

이제 나는 너희에게 새 계명을 준다. 서로 사랑하여라. 내가 너희를 사랑한 것 같이, 너희도 서로 사랑하여라. 너희가 서로 사랑하면, 모든 사람이 그것으로써 너희가 내 제자인 줄을 알게 될 것이다. (요한복음 13:34-35)

에브라임이 죄를 용서받으려고 제단을 만들면 만들수록, 늘어난 제단에서 더욱더 죄가 늘어난다. 수만 가지 율법을 써 주었으나, 자기들과는 아무런 관계도 없는 것처럼 여겼다. 희생제물을 좋아하여 짐승을 잡아서 제물로 바치지만, 그들이 참으로 좋아하는 것은 먹는 고기일 따름이다. 그러니 나 주가 어찌 그들과 더불어 기뻐하겠느냐? 이제 그들의 죄악을 기억하고, 그들의 허물을 벌하여서, 그들을 이집트로 다시 돌려보내겠다. 이스라엘이 궁궐들을 지었지만, 자기들을 지은 창조주를 잊었다. 유다 백성이 견고한 성읍들을 많이 세웠으나, 내가 불을 지르겠다. 궁궐들과 성읍들이 모두 불에 탈 것이다. (호세아 8:11-14)

1

제가 섬기는 교회 교우께서 쓰신 글 중에 교회에 관한 흥미로운 대목이 있어서 소개합니다. 미국에는 주말에만 열리는 벼룩시장이 있습니다. 옛날 한국에서 흔히 볼 수 있었던 '장' 같은 것입니다. 이 교우께서 벼룩시장에 가서, 그곳에서 물건을 파는 어떤 한국 분과 대화를 하는 가운데 들은 이야기를 적어 놓았습니다. 이 교우께서 그분에게 "주말에 일하시니 교회도 못 나가시겠네요?"라고 물었답니다. 그랬더니 그분이 하는 말이 이렇습니다.

말씀 마세요. 교회는 당분간 안 나가기로 했습니다. 한동안 물불 가리지 않고 열심히 다녔는데, 교회에서 싸움이 났지요. 싸움이 나면 나는 가만히 못 있는 성질이거든요. 말리려 뛰어든 것이 싸움에 휘말려 내가 싸우게 됐어요. 교회 사람들, 싸움하니까 사랑이고 용서고 없어요. 보통 사람들보다 더 하다니까요. 결국은 마음에 상처만 입고, 내가 나쁜 놈이 되고 말았어요. 목사한테도 실망했고, 장로들은 어처구니없고, 오래 믿었다는 사람들, 편견이 더 심해요. 교회가 뭐 별다른 곳인가요? 벼룩시장하고 비슷하지요. 주말만 문 열고 문

전성시 이루는 것이 비슷하지요. 장로끼리 텃세하지요. 집안끼리 덤핑하지요. 안 가면 섭섭하고, 가면 실망하고. 어때요? 말이 좀 심했습니까? 그러고 보니, 나도 주말만 일하고 있으니, 목사 정도의 직업을 가진 사람 아닙니까?

많은 이민교회의 실상을 해학적으로 꼬집은 말씀입니다. 이 대목에서 저는 그 해학에 무장 해제되어 '허, 허!' 하고 웃고 말았지만, 마음 안에는 슬픔이 고였습니다. 어쩌다 교회가, 목회자가, 교회의 직분자가 이 지경으로 조롱을 당하게 되었을까 하는 생각 때문에 마음이 아팠습니다. 그리스도인의 가장 큰 적(enemy)은 그리스도인 자신이며, 교회의 가장 큰 적은 교회 자신이라는 말은 실로 진리입니다. 그리스도인이 그리스도인다움을 잃을 때, 그리스도인은 스스로를 부정하는 것이 됩니다. 교회가 교회다움을 잃을 때, 교회는 스스로 붕괴되고 맙니다.

2

요한복음 13장은 성경 전체에서 가장 중요한 본문 중 하나입니다. "섬김의 삶"이라는 것은 그리스도인 됨에 있어서 그만큼 중요한 것입니다. 섬기는 일이 없이는 교회가 교회다움을 이룰 방법이 없습니다. 그래서 이 문제에 대해 여러 각도에서 묵상해 보았습니다. 예수님의 삶을 관통하는 한 가지의 원리가 있다면, 바로 섬김입니다. 예수님께서 우리에게 남기신 말씀들을 한 단어로 요약하자면, "섬김"이라는 단어가 제일 적당합니다. 교회가 문제를 겪고 있다면, 문제의 핵심은 바로 섬김의 문제일 것입니다. 교회가 교회다움을 회복하고 있다면, 그 회복의 중심에는 섬김의 회복이 있을 것입니다.

오늘날 기독교는 위기에 봉착해 있습니다. 앞서 인용한 말에서 보듯, 교회가 빈정거림의 대상이 되고 있습니다. 목회자가 하찮게 여김을 받고 있습니다. 장로니, 권사니, 집사니 하는 직분이 더 이상 이름값을 하지 못합니다. 도대체 그리스도인과 비그리스도인 사이에 차이가 없어 보입니다. 교회와 세상 사이에도 별로 차이가 없어 보입니다. 반대로, 믿음 좋다는 신앙인이 더 이기적이고 고집 세고 악한 경우가 있고, 교회가 세상보다도 더 부조리한 경우도 있습니다. 진실로 그리스도인다운 신자들도 많이 있는데, 그렇지 않은 사람들 때문에 그 빛이 가려집니다. 교회다운 교회가 참으로 많은데, 그렇지 않은 교회들 때문에 그 빛이 가려집니다. 그래서 그리스도인, 목회자, 그리고 교회에 대한 기대와 믿음이 점점 낮아지고 있습니다.

이것을 되돌릴 수 있는 사람들은 바로 그리스도인들 자신입니다. 교회 자신입니다. 그리스도인들이 그리스도인다운 삶을 회복하는 것, 교회가 교회다움을 회복하는 것, 그것밖에는 희망이 없습니다. 그리고 그 희망은 "사귐"과 "섬김"에 있습니다.

"사귐"과 "섬김." 이 두 단어로 이 책 전체의 내용을 요약할 수 있습니다. 예수 그리스도 안에서 하나님과 깊이 사귀는 삶, 그 영적 사귐을 통해 이웃과의 사귐을 넓혀 가는 삶, 그리고 그 사귐 속에서 이웃의 필요를 위해 섬기는 삶, 바로 이것이 그리스도인의 삶이요 바로 이것이 교회의 본질입니다. 이 사귐과 섬김이 우리 각자의 삶에 그리고 우리 교회의 삶에 회복될 때, 교회가 당면한 위기는 해결될 수 있을 것입니다. 먼저 우리의 삶에 진정한 보람과 기쁨이 들어찰 것이며, 믿지 않는 사람들은 그 모습을 보고서 왜 믿어야 하는지를 알게 될 것이며, 왜 교회가 필요한지를 깨닫게 될 것입니다.

이런 변화 없이 전도하는 것은 부질없는 일입니다. 우리 속담에 "소문 듣고 왔다가 꼴 보고 도망간다"는 말이 있는데, 우리 안에 사귐과 섬김을 회복하지 않으면, 믿지 않는 사람들은 우리의 '꼴'을 보고 도망갈 것입니다. 교회의 꼴을 보고 등을 돌린 사람들을 다시 돌아서게 하는 일은 거의 불가능한 일입니다. 그러니 전도하기에 앞서 우리 자신의 꼴을 살펴보아야 합니다. 믿지 않는 사람이 우리를 보고서 믿고 싶어 할 무언가가 우리 안에 있습니까? 교회에 나오지 않는 사람들이 교회를 보고서 나오고 싶게 할 무언가가 우리 안에 있습니까? 우리는 이 질문을 심각하게 해 보아야 합니다.

3

주저되는 일이지만, 이와 관계된 제 경험이 있어서 나누려 합니다. 제가 대학교에 다닐 때, 남동생 둘과 함께 대전에서 자취생활을 했습니다. 부엌이 딸린 방 하나를 얻어서 저와 고등학교 다니는 동생 그리고 중학교 다니는 동생이 함께 지냈습니다. 제가 엄마 노릇까지 하면서 학교를 다녔습니다.

한번은 한 울타리 안에 여러 세대가 함께 사는 집에 방을 얻어 들어갔습니다. 보통 그런 집은 평안한 날이 별로 없습니다. 집집마다 돌아가면서 싸움이 일어납니다. 때로는 바로 옆집에서 서로 싸우기도 합니다. 그런 곳에 남학생 셋이 자취를 하러 들어갔습니다.

저희 형제는 어릴 적부터 우애가 좋았습니다. 때로 다투는 일이 없지는 않았지만, 큰소리 내며 싸워 본 일이 별로 없었습니다. 형은 형이어서 양보하고, 동생은 동생이어서 양보했습니다. 지금도 그렇게 우애 좋게 지내고 있습니다. 다들 힘써 신앙생활을 한다는 것도 큰 이유였습니다.

그 집에 살 때, 바로 옆 방에 신혼부부가 살고 있었습니다. 어느 날 동생들을 학교에 보내 놓고 아침 늦게 강의를 들으러 집을 나가는데, 옆집 색시가 따라나오면서 "학생, 잠깐 저 좀 보세요"라고 부릅니다. 돌아가서 "예, 무슨 일인가요?"라고 물어보았습니다. 그러자 그분이 "학생, 우리 남편 좀 전도해 줄 수 있겠어요?"라고 묻는 겁니다. 저는 놀라서 "아, 예, 왜 그러시지요?"라고 되물었습니다. 그랬더니 그분이 이렇게 말씀하셨습니다. "아니, 총각 셋이서 자취생활을 하는데, 한 번도 소리 내어 싸우는 일도 없고, 일요일 아침마다 셋이서 즐겁게 대화하면서 교회에 가는 모습이 너무 부러워요. 저도 남편과 그렇게 싸우지 않고 살며, 남편과 함께 일요일 아침마다 즐겁게 교회에 다니면 참 좋겠어요. 나는 언제든 교회에 나갈 준비가 되어 있으니, 우리 남편 좀 전도해 주세요."

당시 저희 형제들의 신앙 수준이라야 미천한 수준에 불과했습니다만, 우리의 우애와 생활 방식이 믿지 않는 이웃에게 이렇게 특별하게 보였다는 점에 기뻤고, 한편으로는 겁도 났습니다. 안타깝게도, 저희가 그 집에서 이사 나올 때까지 그 남편 분을 교회까지 이끄는 데는 실패했습니다. 지금 돌아보면, 제가 좀 더 적극적으로 했어야 하지 않았을까 싶습니다. "나를 좀 전도해 주십시오"라고 말하는 사람을 전도하지 못하면, 다른 사람이야 말해 무엇하겠습니까? 하지만 한편으로, 저는 씨앗을 뿌린 것이고 언젠가 다른 사람에 의해 수확되었을 것이라는 믿음이 있어 안심이 되기도 합니다.

그 새색시가 저희 형제들을 보고 부러워했던 것이 무엇입니까? 아주 초보적인 단계에 있었지만, 저희 형제들 사이에 있던 "사귐"과 "섬김"이었습니다. 신혼부부였지만, 그들에게는 그런 사귐과 섬김이 없었습니다. 그 새색시는 바로 그것을 경험하고 싶었던 것입니다. 남편과의 진정한 "사귐" 그리고 그 사귐 속에서 나누는 진정한 "섬김"이 필요했던 것입니다. 그 새색시는 교회 때문에, 저희의 믿음 때문에 그것이 가능하다고 생각했던 것입니다. 그분은 저희 형제를 보았지만, 저희를 통해 교회를 보고, 교회를 통해 하나님을 보게 되었던 것입니다.

4

앞에서 저는 주로 교회 안에서의 섬김에 대해 말씀드렸습니다. 이로 인해 혹시, "교회 안에서만 봉사하면 다 되나?"라고 오해하는 분이 없기를 바랍니다. 리처드 포스터가 말했듯, 그리스도인들의 목표는 "사귐"과 "섬김"이 생활 방식이 되도록 하는 데 있습니다. 즉, 교회 안에서만 봉사하는 것으로 끝나는 것이 아니라, 우리의 가정과 직장과 사회에서, 어느 때, 어느 곳에 있든지, 무슨 일을 하든지, 봉사하는 마음으로 살아가는 것이 우리 그리스도인들의 목표입니다. 그것이 우리 자신과 다른 사람들을 함께 행복하게 하는 길이라고 믿기 때문입니다.

그래서 저는 "영성 생활"을 강조하고 있습니다. 영성 생활이란 언제 어디서 무슨 일을 하고 있든지, 하나님과의 사귐 안에서 거하면서 그 삶을 통해 하나님께 영광 돌리고 이웃을 섬기는 삶을 가리킵니다. "사귐"은 그 삶을 가능하게 하는 원천이며, "섬김"은 그 삶의 목표이자 외적인 표현입니다. 이것이 우리의 생활 방식이 되어, 누구를 만나든, 어디를 가든, 무엇을 하든, 하나님과의 사귐 안에 거하며, 이웃을 섬기는 삶을 살아갈 수 있어야 합니다. 그것이 성숙한 신앙생활입니다. 그것이 영성 생활의 본질이요 목표요 이상입니다.

바로 이 본질을 회복하기 위해, 이 목표와 이상을 이루기 위해 교회를 출발점으로 삼아야 합니다. 교회에서 드리는 예배와 성경공부, 교회에서 나누는 사귐과 교회에서 행하는 봉사를 강조하는 이유는, 교회 자체가 목적이기 때문이 아닙니다. 교회가 아니고는 진정한 사귐과 섬김을 배우고 익힐 만한 곳이 달리 없기 때문입니다. 참으로 이 세상은 참된 그리스도인들을 간절히 원하고 있습니다. 이 세상 어느 곳에서든, 깊은 영성의 뿌리에서 나오는 거룩한 힘으로 이웃을 섬기기 위해 정성을 다하는 진실한 그리스도인들을 원하고 있습니다. 가정에서도 이런 사람을 원하고 있으며, 직장마다 이런 사람들을 간절히 원하고 있습니다. 모두 다 이익을 좇아가는 세상에서, 하나님의 뜻을 따라, 소명을 따라 정성을 다해 이웃을 섬기는 사람들이 절실하게 필요합니다. 그런데 그런 사람을 길러 낼 수 있는 곳은 교회밖에 없습니다. 그래서 교회가 희망이라는 것입니다.

얼마 전에 저는 샘 해리스(Sam Harris)가 쓴 「기독교 국가에 보내는 편지」(*Letter to a Christian Nation*)라는 책을 읽었습니다. 샘 해리스는 현대 세계의 모든 문제의 원인이 종교에 있으며, 모든 종교를 없애는 것이 인류의 문제를 해결하는 가장 중요한 해결책이라고 주장합니다. 지난 3백 년 동안 기독교에 대해 비판하려고 글을 쓴 사람들과 별로 다를 바 없는 내용입니다. 유명한 선교 신학자 마틴 마티(Martin Marty)는 해리스의 이 글을 '재채기'에 비유하면서, "재채기에 대해 응답할 필요는 없다"고 응수했습니다(*Christian Century*, 2006년 12월호). 저는 이 책을 읽으면서, 저자가 기독교에 대해 제기하는 문제점에 대해 딱히 반박할 말이 별로 생각나지 않는다는 점 때문에 마음이 착잡했습니다. 정말 그렇습니다. 잘못된 종교는 차라리 없는 것이 좋습니다. 호세아서 8장의 말씀에서처럼, 타락한 제사장이 많아지면 세상은 더 악해지고, 타락한 교회가 많아지면 세상은 더욱 타락할 뿐입니다. 결국, "종교가 죽어야 나라가 산다"는 말이 나오게 되어 있습니다.

하지만 그럼에도 불구하고, 교회는 아직도 세상의 희망입니다. 이 세상에서 간절히 보기를 원하는 참된 인간성을 회복시키고, 이 세상에서 절박하게 원하는 사귐과 섬김의 생활 방식을 가르치고 훈련시킬 수 있는 곳은 교회밖에 없기 때문입니다. 샘 해리스는 기독교 자체가 문제라고 생각하지만, 실은 타락한 기독교가 문제입니다. 문제는 교회 자체가 아니라, 교회가 교회 역할을 하지 못하고 있는 것이 문제입니다. 그러므로 해결책은 모든 교회를 이 땅에서 없애 버리는 것에 있지 않습니다. 교회가 진정으로 교회다워지도록 하는 데 있습니다. 진정한 영적 사귐과 사랑의 사귐이 있는 교회, 진정으로 사랑의 종노릇을 실천하는 교회, 하나님과의 사귐을 가르쳐 믿는 사람 하나하나가 온전히 회복되도록 돕고, 그 회복된 힘으로 섬기는 법을 가르치는 교회, 그런 교회가 되는 것에 해결책이 있습니다.

5

예수님께서 제자들의 발을 씻어 주신 후에 남기신 마지막 말씀을 다시 한 번 들어보십시다. "너희가 서로 사랑하면, 모든 사람이 그것으로써 너희가 내 제자인 줄을 알게 될 것이다"(요 13:35). 교회가 왜 필요합니까? 하나님과 사귀는 일이 없이는 우리의 인간성 회복은 불가능하기 때문이 아닙니까? 하나님과 사귀는 일이 없이는 우리가 우리 자신과 이웃을 제대로 볼 수 없기 때문이 아닙니까? 하나님과 사귀는 일이 없이는 사랑이 무엇인지 알 수 없기 때문이 아닙니까? 함께 모여 서로를 위해 "사랑의 종노릇"을 연습하지 않고는, 이 세상에서 섬김을 생활 방식으로 할 수 없기 때문이 아닙니까? 그런 사람이 없이는, 이 세상에 희망이 없기 때문이 아닙니까? 교회가 그리고 그리스도인들이 그렇게 되지 않고는, 하나님이 우리 가운데 살아 역사하고 계심을 세상 사람들이 알아차릴 방법이 없기 때문이 아닙니까?

   진실이 이렇다면, 교회다운 교회를 일구는 일이 얼마나 의미 있는 일이요, 얼마나 약속 있는 일이요, 얼마나 신나는 일인지요! 진실이 이렇다면, 교회를 위한 우리의 헌신과 봉사가 얼마나 의미 있는 일인지요! 저희를 이 일로 불러 주신 것이 얼마나 감격스러운 일인지요! 이 위대한 소명에 우리 함께 손잡고 참여합시다. 주님의 나라가 온전히 이루어질 때까지, 우리의 사귐과 섬김을 통해 주님의 임재를 드러내 보입시다. 그것이 우리의 자아실현이요, 그것이 교회의 회복이며, 사회의 변혁은 여기서부터 시작합니다. 주님의 은총이 우리 모두에게 있기를 빕니다.

   감사합니다, 주님!
   주님께서 하셨습니다.
   주님께서 이루셨습니다.
   주님만 영광 받으소서.

찬양 받으소서.

주님께서 보시기에 합당하도록

저희를 이끄소서.

아멘.

9
너무 늦은 때는 없다
─ 가룟 유다의 고백

예수께서 이 말씀을 하시고 나서, 마음이 괴로우셔서, 환히 드러내어 말씀하셨다. "내가 진정으로 진정으로 너희에게 말한다. 너희 가운데 한 사람이 나를 팔아넘길 것이다." 제자들은 예수께서, 누구를 두고 하시는 말씀인지 몰라서, 서로 바라보았다. 제자들 가운데 한 사람, 곧 예수께서 사랑하시는 제자가 바로 예수의 품에 기대어 앉아 있었다. 시몬 베드로가 그에게 고갯짓을 하여, 누구를 두고 하시는 말씀인지 여쭈어 보라고 하였다. 그 제자가 예수의 가슴에 바싹 기대어 "주님, 그가 누구입니까?" 하고 물었다. 예수께서 대답하셨다. "내가 이 빵 조각을 적셔서 주는 사람이 바로 그 사람이다." 그리고 그 빵 조각을 적셔서 시몬 가룟의 아들 유다에게 주셨다. 그가 빵 조각을 받자, 사탄이 그에게 들어갔다. 그 때에 예수께서 유다에게 말씀하셨다. "네가 할 일을 어서 하여라." 그러나 거기 앉아 있는 사람들 가운데서 아무도, 예수께서 그에게 무슨 뜻으로 그런 말씀을 하셨는지를 알지 못하였다. 어떤 이들은, 유다가 돈자루를 맡고 있으므로, 예수께서 그에게 명절에 그 일행이 쓸 물건을 사라고 하셨거나, 또는 가난한 사람들에게 무엇을 주라고 말씀하신 것으로 생각하였다. 유다는 그 빵 조각을 받고 나서, 곧 나갔다. 때는 밤이었다.

(요한복음 13:21-30)

1

저는 가룟 유다입니다. 인류 역사상 저만큼 많은 논란을 일으킨 사람도 많지 않을 것입니다. 최근에는 3세기경에 누군가가 창작한 '유다복음서'라는 것이 세상에 공개되면서, 저는 또 한 번 화제의 중심이 되었습니다. 저도 그 내용을 들여다보았는데, "누군가가 자신에게 주어진 뛰어난 창작력을 헛되게 사용했구나!" 하는 생각을 했습니다. 하긴, 문학적 상상력을 가지고 저를 옹호해 보려고 펜을 들었던 사람이 한둘이 아니었지요. 저로서는 고마운 일이기는 합니다만, 그런다고 해서 저의 잘못이 없어지는 것도 아니고, 지금의 제 상태가 달라지는 것도 아니니, 상관없는 일이라 여기고 있습니다.

제 이름 '유다'는 유대인들이 가장 좋아하는 이름 중 하나입니다. '유대'라는 말은 우리의 조상인 야곱의 아들 유다에게서 온 것입니다. 제 이름 앞에 붙어 있는 '가룟'(Iscariots)이라는 이름은 제가 속했던 자객단을 가리키는 말입니다. 저는 '시카리'(Sicarii)라고 불리던 이 비밀 단체의 회원이었습니다. 이 단체의 회원들은 품속에 단도를 품고 다니면서, 유대 민족을 학대하는 로마인이나 로마인에 빌붙어 동족을 착취하는 유대인들을 처치했습니다. 우리의 최종적인 목적은 로마인들로부터 나라를 해방시켜 독립 국가로 회복시키고, 다윗의 영화를 되찾는 데 있었습니다.

저는 이 일에 생명을 바쳤습니다. 저는, 마침내 로마군이 패배하여 퇴각하고 우리 유대 민족이 예루살렘 성전에 깃발을 꽂고 해방과 독립을 축하하는 잔치를 즐기게 될 그날을 생각하면, 피가 끓어올랐습니다. 제 한 몸을 바쳐 그 일을 이룰 수 있다면, 아무것도 아깝지 않다고 생각했습니다. 아, 그러나 우리에게는 아직 민족의 힘을 집결시킬 만한 지도자가 없었습니다. 모세와 같은, 다윗과 같은, 그 옛날 마카비 장군 같은 위대한 지도자가 필요했습니다. 숨어 돌아다니면서 로마 제국의 하수인들을 제거하는 자객들만으로는 민족 해방의 꿈은 실현될 수 없음이 분명했습니다. 모든 유대인들을 하나로 묶어 로마 제국을 향해 진격해 들어가도록 이끌어 줄 지도자가 필요했습니다. 제가 자객단에 가입한 것은 그런 지도자가 나타날 때까지 몸을 숨기기 위한 것이었습니다. 그래서 저는 제 마음의 안테나를 항상 높이 세워 두고 그런 지도자가 나타나기를 기다렸습니다.

나사렛 출신 요셉의 아들 예수에 대해 소문을 들었을 때, 저는 심장이 터질 것 같은 흥분을 느꼈습니다. 20여 년 전에도 갈릴리에서 유다라는 위대한 지도자가 나타나 로마 정부를 대항해 위대한 전투를 이끌었던 적이 있습니다. 그때 저는 독립을 이루는 줄 알았습니다. 하지만 비참한 패배로 끝나고 말았습니다. 그곳, 저항의 땅 갈릴리, 그곳에서 또 한 사람의 비범한 인물이 나타났던 것입니다.

저는 당장 그분에게 달려갔습니다. 한동안 저는 그분의 주변을

맴돌며 지켜보았습니다. 저는 서서히 그분에게 사로잡혀 갔습니다. 갈릴리 호수보다도 더 깊고 맑은 그분의 눈빛, 하늘의 평화를 담은 듯한 그분의 표정, 그분의 입에서 나오는 말 한 마디 한 마디의 무게와 사람을 사로잡는 힘, 사람들을 대하는 그분의 세심한 배려와 거부하지 못할 부드러운 권위, 그분의 정제되고 계산된 듯한 몸짓과 발짓까지! 저는 그분에게 완전히 압도당했습니다. 바로 이분이다 싶었습니다. 제가 자객단의 일원으로 숨어 지내면서 기다려 왔던 그 사람이 눈앞에 나타난 것 같았습니다. 이분이면 내 마음의 꿈을 이뤄 주실 것이라고 믿었습니다.

저는 기회를 보다가 홀로 계신 예수님을 찾아가 제 뜻을 말씀드렸습니다. 주님의 제자가 되어 죽기까지 따르겠다는 제 의지를 보여 드렸습니다. 주님이야말로 제 뜻을 이뤄 주실 수 있는 분이라고 믿으니, 저를 제자로 받아 달라고 청했습니다. 주님의 나라를 이루실 때, 제가 한자락이라도 거들 수 있게 해 달라고 부탁드렸습니다. 이스라엘의 영광을 위해 저의 피를 쏟을 수 있게 해 달라고 청했습니다.

첫 대면에 저는 약간 실망했습니다. 저의 뜨거운 마음을 대하시는 그분의 태도가 꽤 냉정해 보였기 때문입니다. 저는, 그분이 저를 끌어안아 주시면서 "그래, 내가 자네 같은 사람을 기다렸네! 어디 있다가 이제 나타났는가? 잘 왔네. 우리 함께 해 보세. 우선, 우리의 정체를 숨기고 때를 기다리세. 다른 제자들에게도 우리의 뜻을 발설하지 말게"라고 말씀하실 줄 알았습니다. 그런데 그분은 제 마음속을

꿰뚫어 보기라도 하시는 듯, 정지된 시선으로 한참 저를 응시하시더니, "그렇게 하게"라고 답하셨습니다. 저는 잠시 무안해졌습니다. 하지만 금세 그 감정을 떨쳐 버렸습니다. 아직 내가 어떤 사람인지 모르기 때문에 그럴 것이라고 생각했습니다. 이제 앞으로 내 존재를 드러내면, 그때는 나를 알아주실 것이라고 믿고 열심히 따랐습니다. 그리고 그 열심과 헌신을 인정받아, 저는 열두 제자 명단에 들기도 했고, 예수님 일행의 금전출납을 전적으로 맡아 관리하는 중책을 맡게 되었습니다.

2

저는 예수님을 따라다니는 제자들 중에서 그분의 속마음을 아는 소수에 제 자신이 속한다고 믿었습니다. 그분의 숨겨진 의도를 아는 제자들이 또 누구였는지, 당시로서는 알 수 없었습니다. 로마 정부를 뒤엎고 위대한 다윗 왕국을 세우는 일은 눈빛으로만 말해야 하는 위험천만한 일이었지만, 또한 눈빛만으로도 교감할 수 있는 강렬한 열망이었습니다. 저는, 멋도 모르고 흥분하여 따라다니는 광신자들 사이에, 민족 해방에 대한 뜨거운 열망을 숨기고 그들 중 하나인 것처럼 행세하고 다니는 사람들이 있으리라고 믿었습니다. 저도 그랬으니까요. 아니, 예수님도 제게는 그런 분으로 보였습니다. 그분은 방랑 설교자처럼 행세하고 하나님 나라에 대해 설교하고 다니셨지만, 마음속으로는 때를 기다리면서 뜻을 함께할 사람들을 모으고 계셨다고 믿었습니다.

저는 보이지 않는 하나님보다 집결된 민중의 힘을 더 믿었던 사람이며, 영원한 '하나님 나라'보다는 '위대한 이스라엘'을 세우는 일에 더 관심이 있었습니다. 멀리 계신 하나님보다 가까이 있는 주먹이 더 강하다고 믿는 사람이었습니다. 다시 말하면, 저는 하나님에 대한 믿음이 약했던 사람이었습니다. 유대인들 중에도 하나님을 믿지 않는 사람이 있었느냐구요? 사정을 모르는 사람들은, 유대인들은 모두 하나님을 믿는 것처럼 생각합니다만, 하나님을 믿지 않는 사람들이 하나님을 믿는 사람들보다 훨씬 더 많습니다. 지금 이스라엘에 사는 유대인들 가운데 실제로 신앙을 가진 사람들은 25퍼센트 정도밖에 되지 않습니다.

저는 '선민', 곧 '하나님의 택함 받은 민족'이라고 믿었던 우리 유대 민족이 로마의 압제 밑에서 얼마나 고통당하고 있는지를 똑똑히 보았습니다. 밤을 새워 금식해 가며, 철야를 해 가며, 나라를 회복시켜 달라고 통곡하며 부르짖어 기도하는 사람들이 얼마나 많은지도 알고 있었습니다. 로마의 압제 밑에서 우리 민족이 얼마나 오랫동안, 얼마나 극심하게 고통당하고 있었는지요! 그런데도 하나님은 침묵으로 일관하셨습니다. 그런 고통을 직면할 때마다, 저도 때때로 하늘을 향해 부르짖어 보기도 했습니다. 그러나 하늘로부터 아무런 메아리도 없었습니다. 저는 생각했습니다. 아브라함의 하나님, 야곱의 하나님, 이삭의 하나님은 계시지 않거나, 계신다 해도 우리를 구원하기에 무력하거나, 우리를 구원하기에 관심이 없음이 분명했습니다.

 그래서 저는 하나님이 아니라 우리 인간의 힘을 믿기로 했습니다. 저는 제 인생을 민족 해방의 제단 위에 바치기로 했습니다. 결국 모든 것은 우리 손에 달려 있고, 우리 하기에 달려 있다고 믿게 되었습니다. 그래서 자객단에 가입했고, 그래서 예수님을 따라다녔습니다. 저는 예수님도 저처럼, 종교인으로 가장하고 무장 봉기를 일으킬 때를 기다린다고 믿었습니다. 그분이 하나님 나라에 대해 설교할 때 혹은 하나님에 대해 가르칠 때, 저는 귓등으로도 듣지 않았습니다. 예수님의 진정한 관심사는 다른 데 있다고 믿었기 때문입니다.

3

 하지만 시간이 갈수록 예수님께 대한 제 믿음은 힘을 잃었고, 마음은 조급해지고 불안해졌습니다. 예수님이 종교인을 가장한 것이 아니라, '진짜로' 종교인이 아닌가 하는 의문이 들었습니다. 하나님에 대해 그분이 '진실로' 믿고 있는 것처럼 보였습니다. 그분이 추구하는 것이 위대한 다윗 왕국의 건설이 아니라, 말 그대로 "하나님 나라"인 것 아닌가 하는 의혹이 점점 더 깊어 갔습니다.

 마침내 유월절 축제에 참여하기 위해 예루살렘으로 들어가실 때 저는 몹시 흥분했지만, 그분은 어김없이 제 기대를 무너뜨렸습니다. 이즈음부터는 제가 받아들이기 어려운 말씀들을 더 많이 하셨습니다. 예루살렘에 들어가면 권력자들의 손에 넘겨져 고난을 당하고 죽임을 당할 것이라는 암시를 여러 번 주셨습니다.

제가 보기에, 거사를 위한 조건은 충분히 무르익었습니다. 예수님에 대한 소문도 널리 퍼져 있고, 그분에 대한 기대감도 더할 나위 없이 높았습니다. 유월절 축제를 지키기 위해 수많은 무리들이 예루살렘에 모여들었고, 로마 군인들은 초긴장 상태로 경계하고 있었습니다. 그러니 예수님이 무리들을 향해 손짓하며 "일어나라, 동지여!" 하고 한 마디만 외치면, 모두들 품속에서 무기를 꺼내 들고 로마 군인들을 단숨에 몰아낼 수 있었습니다. 모든 것이 완벽하게 준비되어 있었습니다. 그런데 딱 한 사람, 바로 거사의 장본인인 예수님만 딴전을 피우고 있었습니다.

내일이면 유월절이 시작되는데, 때를 기다리는 동지들은 숨을 죽인 채 신호만을 기다리고 있는데, 예수님은 한가하게 예루살렘의 한 다락방에서 제자들과 함께 저녁 식사를 나누셨습니다. 저는 여기서 무슨 말씀이라도 하실 줄 기대하고, 마지막 희망을 붙잡고 있었습니다. 그런데 식사 도중에 예수님이 갑자기 일어나 겉옷을 벗고 수건을 허리에 동이시더니, 저희들의 발을 하나씩 돌아가면서 씻어 주셨습니다. 그러고는 "주이며 선생인 내가 너희의 발을 씻겨 주었으니, 너희도 서로 남의 발을 씻겨 주어야 한다. 내가 너희에게 한 것과 같이, 너희도 이렇게 하라고, 내가 본을 보여 준 것이다"(요 13:14-15)라고 말씀하시는 것이 아닙니까?

저는 더 이상은 안되겠다고 생각했습니다. 이 절호의 기회를 그냥 보내서는 안된다고 생각했습니다. 지금이 소위 말하는 '임계점'

(tipping point)이었습니다. 이 시점에서 심지에 불을 당기면 온 천지는 불바다가 될 것이었습니다. 저는 여기서 하나의 중대한 선택을 했습니다. 예수님이 하시는 대로 두고 볼 수 없었습니다. 그분이 뭔가 상황을 제대로 보지 못하고 있음이 분명했습니다. 저는 그분이 떨치고 일어나도록 상황을 조성할 필요를 느꼈습니다. 그래서 저는 음식을 먹으면서 속으로 은밀한 계략을 짰습니다. 예수님을 제사장들과 바리새인들에게 넘겨서 위기를 조성하려는 계략이었습니다. 그들은 하나님에 관해 예수님이 주신 가르침 때문에 어떻게든 그분을 제거할 구실을 찾고 있었습니다. 그러니 그들을 이용해 예수님으로 하여금 봉기하지 않으면 안되도록 상황을 만들기로 마음먹었습니다.

신변에 위협이 닥쳐오게 되면 예수님은 필경 저항할 것이며, 잘하면 그것이 로마군에 대한 저항 운동의 도화선이 될 수 있을 것이라는 것이 제 계산이었습니다. 그렇게 하여 민족 해방이 이루어지면 더 바랄 것이 없고, 만일 예수님이 제가 기대했던 인물이 아니었다면, 그 일로 인해 체포 당하고 고난당하고 죽임을 당하는 것도 괜찮은 일이라 싶었습니다. 허황된 종교인들은 없는 것이 더 낫다는 것이 제 믿음이었기 때문입니다.

4

마음속으로 이런 계략을 짜고 있는데, 예수님이 갑자기 저를 깜짝 놀라게 하는 말씀을 하셨습니다. 그분은 뜬금없이 "내가 진정으로 진정으로 너희에게 말한다. 너희 가운데 한 사람이 나를 팔아넘길 것이다"라고 말씀하시는 것이었습니다(21절). 사실, 여러분의 언어로 번역하는 사람들이 '팔아넘길 것이다'라고 번역해서 그렇지, 예수님이 실제로 사용하신 단어는 훨씬 더 모호했습니다. "너희 가운데 한 사람이 나를 넘겨줄 것이다"라는 뜻의 말씀이었습니다. 그게 정확히 무슨 뜻인지는 짐작하기 쉽지 않았습니다. 하지만 저는 꼭 제 마음의 비밀을 그분에게 들킨 것 같아 적지 않게 놀랐습니다.

이렇게 말씀하시자, 어안이 벙벙해진 베드로가 예수님 옆에 있던 요한에게 고갯짓을 했습니다. 누구를 두고 하는 말인지 여쭤 보라는 뜻이었습니다. 예수님을 친형처럼 따랐던 요한은 그분에게 바짝 다가가 "주님, 그가 누구입니까?"라고 물었습니다. 그러자 예수님은 "내가 이 빵 조각을 적셔서 주는 사람이 바로 그 사람이다"라고 답하셨습니다(26절).

모두가 긴장한 상태로 그분을 응시하는 가운데 잠시 침묵이 흐른 후, 예수님은 천천히 빵 한 조각을 집어 들더니, 포도주에 적신 다음, 바로 제게 건네 주는 것이 아닙니까? "네가 할 일을 어서 하여라"라는 말씀과 함께 말입니다(27절). 저는 어찌지 못하고 머뭇거리며 그분의 눈을 쳐다보았습니다. 저는 그 눈빛에 다시 압도되어 저도 모르게 그 빵 조각을 받아들었고, 황망히 자리를 박차고 일어나 밖으로 나왔습니다. 밖에는 손에 잡힐 듯한 어둠이, 아주 진한 어둠이 자리 잡고 있었습니다.

잠시 동안 저는 답이 나오지 않는 의문에 휩싸였습니다. "예수님은 내 마음을 다 읽고 계셨던 것일까? 예수님에게 그런 능력이 있다는 사실을 나는 얼마나 자주 경험했는가? '네가 할 일을 어서 하여라'고 말씀하신 것은 내가 하려는 일을 인정하신다는 뜻일까? 아니면, '네가 선택한 길이니 그 길을 가라'는 포기의 말씀일까? 자신의 신변에 위협이 될 줄 알면서, 어떻게 예수님은 그렇게 평온하게, 내가 하려는 일을 하도록 내버려 두려는 것일까? 나는 어찌해야 하나? 이 길로 곧장 대제사장 관저로 가야 하나, 아니면 예수님께 다시 돌아가야 하나?"

저는 또 다시 선택해야 했습니다. 제 인생에 있어서 가장 중요한 선택의 순간이었다고 할 수 있습니다. 또한 가장 어려운 선택의 순간이기도 했습니다. 제가 선택한 길을 포기하고 돌아서기에 저는 너무 멀리 와 있는 것 같았습니다. 이제 와서 달리 선택한다면, 저는 너무나도 많은 것을 포기해야 하고, 그동안 살아온 모든 것을 부정해야 할 것 같았습니다. 인생이 온통 헝클어져 버릴 것처럼 혼란스러웠습니다. 그렇다고 지금 가고 있는 길로 그대로 진행하기도 두려웠습니다. 마치 제 인생의 선택의 마지막 지점에 도달한 듯한 느낌이었습니다. 그 마지막 지점에서 저는 문득 공포감에 사로잡혔습니다. 생각하기도, 대면하기도 겁이 나는 현실이 이 마지막 선택 앞에 있을지 모른다는 생각이 불현듯 마음을 지배했습니다. 마치 지금 나를 둘러싸고 있는 어둠의 깊은 계곡 속으로 떨어져 버릴 것 같은 두려움이 엄습했습니다.

그때 왜 제가 "이미 돌이키기에는 너무 늦었다"고, "돌아서기에는 너무 멀리 왔다"고 느꼈는지, 생각할수록 아쉽습니다. 알고 보니, 그렇지 않았습니다. 돌아서기에 시간이 충분했고, 돌아가기에 어려울 만큼 멀리 온 것도 아니었습니다. 그때라도 다 내려놓고 돌아섰다면, 저는 희망의 땅, 생명의 땅으로 옮겨갈 수 있었는데, 자존심 때문이었는지, 고집 때문이었는지, 무지 때문이었는지, 아니면 사탄의 속임수 때문이었는지, 저는 그만 그 길로 곧장 나아가는 선택을 하고 말았습니다. 그리고 그 선택의 끝은 '어둠'이었습니다. '빈탕'이었습니다. '희망 없음'이었습니다. '생명 없음'이었습니다. 그리고 지금 저는 그 '온갖 없음의 극치 상태'에 있습니다. 그것을 사람들은 "지옥"이라 부릅니다.

5

여기까지가 저의 고백입니다. 타산지석의 교훈을 얻는 데 민첩한 분들은 이미 정리가 되셨겠습니다만, 돌이킬 수 없을 정도의 잘못을 범했던 사람으로서, 아직 돌이킬 수 있는 여유가 있는 여러분들에게 저는 두 가지만 말씀을 드리고 싶습니다.

첫째, 하나님께 돌아가는 데는 '너무 늦은 때'는 없으며, 하나님께 돌아가기에 방해될 정도로 '큰 죄'는 없다는 사실입니다. 자신이 잘못된 길에 서 있다고 깨닫는 때가 가장 이른 때입니다. 그렇다고 해서, 마냥 시간이 있을 거라고 생각하지는 마시기 바랍니다. 머지 않아 돌이킬 수 없을 때가 옵니다. 그러니 지금 하나님께 돌아가시기 바랍니다. 혹시 여러분 가운데 하나님께 돌아가기에는 너무 큰 죄를 지었다고 느끼는 분이 계십니까? 여러분 쪽에서 보니 커 보이지, 하나님 편에서 보면 그렇지 않습니다. 하나님께는 하찮아 보일 정도로 작은 죄도 없지만, 하나님께서 용서하지 못할 정도로 큰 죄도 없습니다. 문제는 여러분의 태도입니다. 마지막이다 싶을 때라도, 너무 늦었다 싶을 때라도, 하나님의 자비를 의지하고 회개하고 돌아서면, 그것으로 충분합니다.

예수님이 제게 "네가 할 일을 어서 하여라"는 말씀과 함께 빵 조각을 건네 주실 때, 그때라도 돌아서면 되는 것이었습니다. 이제 와서 보니, 그 말씀은 "이제라도 돌아서라"는 뜻이었습니다. 아마, 당시에도 저는 그 말뜻을 알아들었을 것입니다. 못 들은 척했던 것이지요. 혹은 황망하게 바깥으로 나왔을 때, 그 어둠 속에서 주저주저할 때, 그때라도 돌아섰다면 제게도 희망이 있었습니다. 아니, 예수님이 십자가에 돌아가시고, 결국 제가 잘못 선택했다는 것을 깨닫고, 스스로 목숨을 끊어서 모든 것을 끝내야겠다고 생각했던 그 순간, 그때라도 돌아섰더라면 충분했습니다. 하지만 저는 번번이 너무 늦었다고 생각했습니다. 그래서 여러분에게 간곡히 부탁드립니다. 앞으로 여러분에게 어떤 일이 생기더라도, 저와 같은 잘못을 범하지 마시기 바랍니다. 다시 한 번 말씀드립니다. 제가 섬겼던, 제가 십자가에 달려 죽게 했던 예수 그리스도 안에서 드러난 하나님의 사랑 앞에서는, 돌아서기에 늦은 때도 없고, 돌아가기에 너무 높은 장벽도 없습니다.

둘째, 여러분이 선택하는 그것이 결국 여러분을 지배한다는 사실을 잊지 마시기 바랍니다. 인간들은 자주 "선택은 내가 한다. 내가 주인이며, 내가 주체다"라는 생각에 속을 때가 많습니다. 예언자 오바댜를 통해 "너의 교만이 너를 속이고 있다"(옵 3절)고 하신 하나님의 말씀 그대로입니다. 내가 선택의 주체라고 생각하고 선택하지만, 실은 내가 선택한 그것이 나를 선택하고 나를 지배합니다. 하나님을 믿기로 선택하면, 그 선택이 여러분을 선택하고 여러분의 삶을 지배합니다. 내 주먹을 믿기로 선택하면, 그 선택이 여러분을 선택하고 여러분의 삶을 지배합니다. 내가 내 인생을 결정하는 것이 아니라, 내가 선택한 것들이 쌓여서 내 인생을 결정합니다.

그러므로 선택 앞에서 삼가 조심하시고, 충분히 기도하시고, 아무리 사소한 선택이라 하더라도 하나님의 뜻을 찾아서 하시기 바랍니다. 그 어떤 경우에도 희망을 선택하시고, 사랑을 선택하시고, 생명을 선택하시고, 빛을 선택하시기 바랍니다. 희망을 선택하면 그 희망이 여러분의 인생을 결정합니다. 사랑을 선택하면 그 사랑이 결정합니다. 생명을 선택하면 그 생명이 결정합니다. 빛을 선택하면 그 빛이 지배합니다.

아, 얼마나 많은 사람들이 사랑이 아니라 미움을, 생명이 아니라 죽음을, 희망이 아니라 절망을, 빛이 아니라 어둠을 선택하는지요! 잘못된 선택이 반복되고 축적되면 결국 지금의 저처럼 '온갖 없음의 극치 상태'에 이르는 것을 왜 생각하지 못하고 살아갈까요! 교회에서 전하는 복음이 결국은 무엇입니까? 희망을 선택하라는, 생명을 선택하라는, 사랑을 선택하라는, 빛을 선택하라는 것 아닙니까? 그런데 왜 사람들은 그 복음을 받아들이고 응답하기에 주저하는지요! 왜 우리는 이 좋은 복음을 전하는 데 인색하고 게으른지요!

제 말씀을 마칩니다. 여러분 모두 저와 같은 상태에 이르지 않기를 간절히 바랍니다. 위협이나 협박이 아닙니다. 간절한 호소입니다. 여러분 모두가 늘 영원히 희망의 땅, 사랑의 땅, 생명의 땅, 빛의 땅에 견고하게 세움을 받고 그곳에서 견고하게 서서 살아가기를 빕니다.

사랑의 주님,
미움이 아니라 사랑을 선택하며 살도록,
희망의 주님,
절망이 아니라 희망을 선택하며 살도록,
생명의 주님,
죽음이 아니라 생명을 선택하며 살도록,
빛의 주님,
어둠이 아니라 빛을 추구하며 살도록,
오, 주님,
저희를 도와주소서.
사랑의 복음, 희망의 복음, 생명의 복음, 빛의 복음을
믿게 하시고

살게 하시고
나누게 하소서.
아멘.

10
깨어짐이 은혜다

유다가 나간 뒤에, 예수께서 말씀하셨다. "이제는 인자가 영광을 받았고, 하나님께서도 인자로 말미암아 영광을 받으셨다. [하나님께서 인자로 말미암아 영광을 받으셨으면,] 하나님께서도 몸소 인자를 영광되게 하실 것이다. 이제 곧 그렇게 하실 것이다. 어린 자녀들아, 아직 잠시 동안은 내가 너희와 함께 있겠다. 그러나 너희가 나를 찾을 것이다. 내가 일찍이 유대 사람들에게 '내가 가는 곳에 너희는 올 수 없다' 하고 말한 것과 같이, 지금 나는 너희에게도 말하여 둔다. 이제 나는 너희에게 새 계명을 준다. 서로 사랑하여라. 내가 너희를 사랑한 것 같이, 너희도 서로 사랑하여라. 너희가 서로 사랑하면, 모든 사람이 그것으로써 너희가 내 제자인 줄을 알게 될 것이다." 시몬 베드로가 예수께 물었다. "주님, 어디로 가십니까?" 예수께서 대답하셨다. "내가 가는 곳에 네가 지금은 따라올 수 없으나, 나중에는 따라올 수 있을 것이다." 베드로가 예수께 말하였다. "주님, 왜 지금은 내가 따라갈 수 없습니까? 나는 주님을 위하여서는 내 목숨이라도 바치겠습니다." 예수께서 대답하셨다. "네가 나를 위하여 네 목숨이라도 바치겠다는 말이냐? 내가 진정으로 진정으로 너에게 말한다. 닭이 울기 전에, 너는 세 번 나를 모른다고 할 것이다." (요한복음 13:31-38)

시몬 베드로와 또 다른 제자 한 사람이 예수를 따라갔다. 그 제자는 대제사장과 잘 아는 사이라서, 예수를 따라 대제사장의 집 안뜰에까지 들어갔다. 그러나 베드로는 대문 밖에 서 있었다. 그런데 대제사장과 잘 아는 사이인 그 다른 제자가 나와서, 문지기 하녀에게 말하고, 베드로를 데리고 들어갔다. 그 때에 문지기 하녀가 베드로에게 말하였다. "당신도 이 사람의 제자 가운데 한 사람이지요?" 베드로는 "아니오" 하고 대답하였다. 날이 추워서, 종들과 경비병들이 숯불을 피워 놓고 서서 불을 쬐고 있는데, 베드로도 그들과 함께 서서 불을 쬐고 있었다. …… 시몬 베드로는 서서, 불을 쬐고 있었다. 사람들이 그에게 물었다. "당신도 그의 제자 가운데 한 사람이지요?" 베드로가 부인하여 "나는 아니오!" 하고 말하였다. 베드로에게 귀를 잘린 사람의 친척으로서, 대제사장의 종 가운데 한사람이 베드로에게 말하였다. "당신이 동산에서, 그와 함께 있는 것을 내가 보았는데 그러시오?" 베드로가 다시 부인하였다. 그러자 곧 닭이 울었다. (요한복음 18:15-18, 25-27)

1

　오늘은 베드로에 대한 이야기를 하겠습니다. 베드로로 말하자면, 유다보다 나을 것이 별로 없는 사람이었습니다. 2천 년 전, 예루살렘의 한 다락방에서 예수님과 마지막 저녁 식사를 나눌 때, 그는 유다만큼이나 심각한 잘못을 범할 위험에 처해 있었습니다.

　예수님과 유다 사이에, 당시로서는 이해할 수 없는 이야기들이 오고 간 후에 유다는 어둠 속으로 사라집니다. 베드로는 유다가 예수님을 대제사장과 장로들에게 팔아넘기리라고는 꿈에도 생각하지 못했습니다. 뭔가 그들이 모르는 계획이 마련되어 있고, 유다가 예수님의 명을 받고 그 일을 하러 갔다고 생각할 뿐입니다. 전과 달리, 유다가 허둥대는 것 같은 모습을 보이기는 했으나, 그리 크게 의심할 것은 아니었습니다.

　유다가 방을 나간 후, 예수님은 유다가 사라진 쪽을 향해 눈길을 두고는, 남은 제자들을 향해 이렇게 말씀하십니다.

　　이제는 인자가 영광을 받았고, 하나님께서도 인자로 말미암아 영광을 받으셨다. 〔하나님께서 인자로 말미암아 영광을 받으셨으면,〕

하나님께서도 몸소 인자를 영광되게 하실 것이다. 이제 곧 그렇게 하실 것이다(31-32절).

베드로는 이 말씀을 듣고서야, 유다가 무엇을 하러 갔는지 알 것 같았습니다. 그의 귀에 예수님의 말씀은, 이제 곧 그분이 로마 정부를 뒤엎고 영광스러운 이스라엘 나라를 회복하실 것이라는 뜻으로 들렸습니다. "이제는 인자가 영광을 받았다"는 말씀은 "이제 하나님께서 나를 왕의 보좌에 앉혀 주실 것이다"라는 뜻으로 들렸습니다. 그렇다면, 예수님과 암호 같은 말을 주고받다가 어둠 속으로 황급히 사라진 유다는 바로 이 거사를 준비하러 간 것이라는 추론이 가능합니다.

생각이 여기에 미치자, 베드로는 멀미할 때와 비슷한 마음의 울렁거림을 느낍니다. 다음과 같은 생각들이 그의 마음을 뒤흔듭니다. "드디어 여명이 밝아 오는구나! 드디어 하나님께서 행동을 시작하셨구나! 마침내 하나님께서 우리 민족의 간절한 기도와 호소를 들어주시는구나! 아, 침묵하시는 것 같은 하나님을 끝까지 붙들고 씨름한 보람이 있구나. 오, 감사합니다, 하나님! 저 나사렛 예수가 하나님이 보내신 메시아인 줄, 제가 진작부터 알고 있었습니다. 제 믿음이 옳았군요. 역시 하나님은 저를 실망시키지 않으시는군요."

2

베드로도 민족 해방의 꿈을 품고 살기는 유다와 마찬가지였습니다.

다만, 가롯 유다는 하나님이 아니라 민중의 힘으로 그 꿈을 이룰 수 있다고 믿었던 사람이고, 베드로는 민중보다는 하나님께 더 큰 희망을 두었던 사람입니다. 집결된 민중의 힘이 얼마나 큰지는 베드로도 잘 알고 있었습니다. 하지만 그것만으로는 충분하지 않다는 것이 그의 믿음이었습니다. 아무리 잘 조직되고 잘 무장되었다 해도, 하나님께서 함께하시지 않으면 결국 실패하고 말 것이라고 그는 믿었습니다. 설사 성공한다 하더라도, 민중 혁명은 또 다른 독재자를 배출시키고, 그 독재자 밑에서 민중은 다시금 고통당하리라는 사실을 그는 잘 알고 있었습니다. 그래서 베드로는 예수님에게서 희망을 보았습니다. 그러니 목적으로 보면, 가롯 유다나 베드로나 다를 것이 별로 없었습니다. 다만, 그 목적을 이루는 방법에 있어서 입장 차이가 있었습니다.

베드로가 자신의 목적을 이루기 위해 민중의 힘이 아니라 하나님의 힘을 의지했다고 해서, 그를 가롯 유다보다 더 낫다고 생각하는 분이 계실지 모르겠습니다. 정말 그럴까요? 무슨 목적을 위해서든지, 하나님을 의지하는 믿음만 있으면 그 사람이 잘하고 있다고 말할 수 있을까요?

하나님을 잘 믿는 나라가 있다고 합시다. 그 나라의 지도자들이 옆에 있는 나라를 공격하기로 작정하고 하나님께 도움을 청하는 기도를 드렸다고 칩시다. 이 경우, 하나님을 믿고 있고 하나님께 의지하고 있다는 사실만으로 그 모든 계획이 옳다고 인정받을 수 있습니까? 그렇지 않지 않습니까? 그러한 신앙은 오히려 가증스러운, 혹은 혐오스러운 것이 아닙니까? 하나님을 믿는 사람이라면, 하나님께서 기뻐하시는 것을 목표로 두고, 하나님께 의지하여, 하나님의 능력을 힘입어 그 목표를 이루어 가야 마땅한 것 아닙니까?

　베드로도 가룟 유다처럼 목표에 있어서 빗나가기는 마찬가지였습니다. 민족 해방이라는 목표가 잘못이라는 뜻이 아닙니다. 그 목표 자체는 좋은 것일 수 있으나, 예수님이 추구한 목표와 상관이 없었다는 데 문제가 있습니다. 다만, 베드로가 유다와 달랐던 점은 하나님의 존재를 인정하고 그분의 힘에 의지했다는 점입니다. 하지만 그 차이는 실제로 무의미합니다. 베드로가 진정으로 하나님을 믿는 사람이었다면, 좀 더 예수님의 말씀에 귀를 기울이고, 자신이 지향하고 있는 목표가 과연 옳은 것인지를 따져 보아야 했습니다. 그랬더라면 그는 예수님이 지향하는 목표를 향해 자신의 진로를 수정할 수 있었을 것입니다. 하지만 그는 예수님을 따르기 전부터 마음속에 품고 있던 열망을 그대로 가지고 있었습니다. 따지고 보면, 그 열망을 이루기 위해 예수님을 이용하려 했다 할 수 있습니다.

3

다시, 그때의 이야기로 돌아가겠습니다. 드디어 민족 해방의 때가 왔다는 기쁨에 심장이 터질 듯했지만, 베드로의 마음의 다른 한편에서는 섭섭함과 시기심이 합하여 불같이 타오릅니다. 예수님이 이렇게 중요한 순간을 위해 자신이 아니라 유다를 택해 준비시켰다는 것이 섭섭했습니다. 베드로가 예수님의 수제자라는 것은 자타가 공인하는 사실인데, 마지막 순간에 자신을 제쳐 놓고 유다를 택해 거사를 도모하시다니! 또 유다에게는 뒤통수를 맞은 것 같은 배신감과 시기심을 느꼈습니다. "유다, 네가 쥐도 새도 모르게 나를 제쳤구나!" 하는 생각이 들면서 마음이 갑자기 풍랑 만난 갈릴리 호수처럼 요동쳤습니다.

이렇게 복잡한 감정으로 마음이 혼란할 때, 예수님은 또 다시 이해할 수 없는 말씀을 하십니다. 이번에는 제자들을 둘러보시면서, "내가 가는 곳에 너희는 올 수 없다"고 말씀하시는 겁니다(33절).

이건 또 무슨 뚱딴지같은 말씀이란 말입니까? 가룟 유다를 당신 앞에 먼저 보내 놓고서, 나머지 열한 제자들은 그곳에 갈 수 없다니! 그러면 이제까지 따라다닌 다른 제자들은 들러리였다는 말입니까? 도대체 무엇 때문에 다른 제자들이 그곳에 갈 수 없다는 말입니까? 그들의 자격이 부족하다는 말입니까? 용기가 부족하다는 뜻입니까? 물론, 전문적인 훈련을 받은 로마 군인들에게 그들이 상대도 되지 않는다는 것은 두말이 필요 없는 일입니다. 하지만 전쟁의 승패가 어디 무기와 전술에 의해서만 결정되던가요? 더 많은 경우, 사기가, 신념이, 태도가, 결의가 더 중요하지 않던가요? 그들의 무기는 초라하고 전투 기술은 부족하지만, 그들의 사기는 높고, 신념은 돌처럼 강했으며, 생명을 바칠 결의와 태도가 그들에게 있었습니다. 그런데 그들에게는 아직 자격이 없다는 겁니다!

베드로는 적잖이 자존심이 상했습니다. 예수님께 대한 섭섭함도

컸습니다. 그래서 따져 여쭙니다. "주님, 어디로 가십니까?"(36절) 도대체 어디로 가시는데, 우리보고 올 수 없다고 하시는 겁니까?

그랬더니 주님은 베드로를 똑바로 쳐다보시고는, "내가 가는 곳에 네가 지금은 따라올 수 없으나, 나중에는 따라올 수 있을 것이다"라고 대답하십니다(36절). 베드로가 얼마나 강한 사람인지는, 누구보다도 주님이 잘 알고 계셨습니다. 그는 전형적인 '뱃사람'으로서, 오랜 세월 동안 거센 파도와 비바람을 거쳐 연단된 사람입니다. 그의 히브리 이름은 '시몬'이었습니다. 그런데 예수님은 그의 강인함을 보시고는, 히브리 말로 바위라는 뜻의 '게바'라는 별명을 붙여 주셨습니다. '베드로'라는 이름은 '게바'라는 히브리식 이름을 헬라식으로 바꾼 것입니다. '베드로'라는 헬라 말도 역시 바위를 뜻했습니다. 우리말로 하자면, '돌쇠'라 할 수 있을 것이고, 영어로 하자면 'Rocky'가 될 것입니다.

강인함에 있어서는 누구에게도 지기 싫었던 그에게, 주님은 "베드로, 지금의 자네로서는 내가 가는 곳에 갈 수 없네. 하지만 나중에 자네는 그곳에 올 수 있게 될 거야! 그러니 기다리게"라고 말씀하시는 것입니다. 베드로는 마침내 참지 못하고 화를 터뜨리면서, "주님, 왜 지금은 내가 따라갈 수 없습니까? 나는 주님을 위하여서는 내 목숨이라도 바치겠습니다"라고 대답합니다(37절).

그때 예수님은 그윽한 눈빛으로 베드로를 바라보십니다. 그 순간, 베드로의 눈에서 끓고 있던 분노의 불꽃들이 그분의 깊은 눈동자 속으로 빨려 들어갑니다. 갑작스럽게, 베드로는 그분 앞에서 무장 해제된 듯, 얼어붙고 맙니다. 그렇게 서 있는 베드로에게 그분은 "네가 나를 위하여 네 목숨이라도 바치겠다는 말이냐? 내가 진정으로 진정으로 너에게 말한다. 닭이 울기 전에, 너는 세 번 나를 모른다고 할 것이다"라고 말씀하십니다(38절). 그 말씀은 마치 쇠방망이로 그의 정수리를 내려치듯 베드로를 무너뜨립니다. 그의 자존심과 만용과 교만과 분노가 산산조각 나 버립니다. 베드로는 아무런 말도, 아무런 항변도 할 수 없었습니다.

4

이때부터 베드로는 근심과 수심에 잠긴 채, 다락방 한쪽 구석에서 심각한 표정으로 웅크리고 앉아 예수님의 말씀을 듣습니다. 그분은 마치 죽음을 맞이한 아버지가 자녀들에게 유언을 남기듯, 비장하고도 무게 있는 말씀들을 계속 하십니다. 하지만 베드로의 귀에는 하나도 들어오지 않습니다. 예수님이 하신 그 불길한 예언 때문에 마음이 혼란스러웠기 때문입니다.

말씀을 다 마치신 예수님은 자리에서 일어나 밖으로 나가십니다. 제자들은 일제히 명령이라도 받은 듯 그분의 뒤를 따라 걸어갑니다. 어디로 가는지 아무도 아는 사람이 없으나, 그것을 묻는 사람도 없습니다. 예수님이 그동안 하신 말씀과 분위기를 생각한다면, 이제 뭔가 큰일이 다가오고 있다는 것만은 다 느낄 수 있었습니다. 그것이 민족 해방을 위한 거사였으면 좋으련만, 예수님의 말씀과 태도로 보아서는 그럴 것 같지는 않아 보입니다. 그렇다면 뭘까? 예수님은 무엇을 위해, 어디로 가시는 것일까?

마침내 예수님은 제자들을 데리고 기도하러 가곤 하셨던 감람산의 한 자락에 도착하여 발걸음을 멈추십니다. 그곳에서 예수님은 제자들을 따로 두시고 홀로 한적한 곳에 가서서 기도하십니다. 정말 뭔가 심각한 것이 오고 있음이 분명했습니다. 아니나 다를까, 얼마 후 중무장한 군사들이 그들에게 들이닥칩니다. 제자들은 민첩하게 예수님을 둘러싸고 방어 자세를 취하지만, 어둠 속에서 드러나는 군사들의 위용에 질려 슬금슬금 뒤로 물러납니다. 그러는 사이에 가룟 유다가 나타나 예수님에게 다가가 입을 맞춥니다. 그것이 신호였던지, 군사들은 일제히 예수님을 덮쳐 포박합니다. 군사들의 주의가 예수님에게 집중된 사이, 베드로와 그의 동료들은 모두 달아나 버립니다.

군사들은 예수님을 대제사장의 법정으로 끌고 갑니다. 잠시 몸을 피했던 베드로와 요한은 용기를 내어 몰래 대제사장의 법정으로 잠입해 들어가, 예수님에게 어떤 일이 일어나는지를 지켜봅니다. 딱히 어쩔 계획도 없었지만, 그렇다고 숨어 있을 수만은 없었습니다. 베드로는, 예수님께서 그에게 예언한 일이 일어나지 않게 하고 싶었을 것입니다.

대제사장의 법정에서 진행되는 일들을 보면서, 베드로는 무척 혼란스러워 합니다. 이제 희망은 없어 보였습니다. 대세는 이미 기울었습니다. 유대인 지도자들은 예수님을 제거하기로 마음을 정했고, 이제 로마 총독의 재가만을 얻으면 되었습니다. 진리와 정의를 따르기보다는 자신의 이권을 위해 변신하는 데 빨랐던 로마 총독 빌라도는 유대인 지도자들의 요구를 들어줄 것이 뻔해 보였습니다. 이제 곧 주님은 로마 군인들의 손에 넘겨져 가혹한 고문을 받고 마침내 십자가에 처형당하게 되어 있었습니다.

그렇다면, 며칠 전 다락방에서 유다가 어둠 속으로 사라지자마자, "이제는 인자가 영광을 받았고, 하나님께서도 인자로 말미암아 영광을 받으셨다"(31절)고 말씀하신 것은 무슨 뜻이란 말입니까? 예수님은 하나님의 계획을 오판하여 이 지경까지 오게 되었다는 말입니까? 결국, 주님은 이렇게 무력하게 십자가에 달려 죽음으로 무리들의 모든 기대와 꿈을 물거품으로 만들 것입니까? 아니면, 이제 곧, 갈릴리에서 보여 주었던 그 위대한 능력을 발휘하여 떨치고 일어나 상황을 역전시킬 것입니까?

도대체 답이 나오지 않습니다. 답이 나오지 않으니, 베드로도 어떤 태도를 결정할 수 없습니다. 예수님께 생명을 걸 만한 희미한 실마리라도 있으면 했습니다만, 아무것도 찾을 수 없습니다. 이렇게 대답되지 않는 질문들과 씨름하는 동안, 대제사장의 여종이 그를 알아보고 정체를 폭로합니다. 입장이 정리되기 전에 정체가 드러나게 되었으니, 당황스러웠습니다. 베드로는 엉겁결에 자신이 예수님의 일행이라는 사실을 부인하고 맙니다. 한 번으로 끝난 것이 아니라, 두 번이나 더 자신의 정체를 부인합니다. 세 번째로 부인했을 때, 문득 다락방에서 예수님이 하신 말씀이 그의 뇌리를 스칩니다. "닭이 울기 전에, 너는 세 번 나를 모른다고 할 것이다"(38절). 아뿔싸! 그분의 예언이 그대로 이루어진 것입니다. 순간, 그는 법정 바깥으로 뛰쳐나와 어둠 속에서 목 놓아 웁니다.

5

이것이 베드로였습니다. 그는 혈기 왕성하고, 고집 세고, 욕심 많고, 나서기 좋아하며, 누구에게도 뒤지기를 싫어하던 사람이었습니다. 혈기 왕성한 것을 그는 '열정적'이라고 미화했고, 제 고집을 '주관'이라고 이름 지었고, 욕심을 '열심'이라고 속였으며, 나서는 것을 '헌신'이라고 여겼고, 경쟁심을 '충성심'이라고 미화시켰던 사람입니다. 예수님을 따라다니기 전의 그 모습 그대로 그분을 따라다녔고, 그 이전에 품었던 욕망과 야심을 그대로 품고 그분을 섬겼습니다. 베드로는 열심의 정도가 믿음의 정도인 줄로 착각했습니다. 빗나간 종교적 열심이 얼마나 위험한지, 우리 모두가 아는 바입니다.

예수님이 베드로를 향해 "지금은 네가 나를 따라올 수 없다"고 말씀하신 이유는 그의 열심이 부족해서도 아니었고, 그의 용기가 부족해서도 아니었으며, 그에게 군사 훈련이 부족해서는 더더욱 아니었습니다. 베드로가 아직 완전히 깨어지지 않았기 때문이었습니다. 예수님을 따라다니면서 그는 예수님과 다른 꿈을 꾸고 있었습니다. 베드로는 로마 군대를 몰아내고 이스라엘 왕국을 세운 다음 그 나라의 왕으로 올라서는 것을 '영광'이라고 생각했습니다. 그는 예수님이 그 길로 가시는 줄로만 알았습니다.

그런데 예수님은, 하나님의 뜻을 따라 사랑하고 섬기시다가, 마지막 순간까지 섬기고 사랑하시다가 죽는 것을 '영광'이라고 여기셨습니다. 모든 사람을 사랑하고 섬겨 구원하기를 원하시는 하나님의 뜻을 따라, 죽음까지도 두려워하지 않고 사랑의 길을 가는 것이 진정한 영광이라고 여기셨습니다. 베드로는 자신의 야망을 이루기 위해 분투하며, 하나님의 능력을 힘입어 경쟁에서 이기고, 많은 사람들 위에 올라서 섬김을 받는 것을 '영광'으로 여기고 있었으나, 예수님은 그것을 '수치'로 여기셨습니다. 그분은 오히려 자신을 낮추고, 자신에게 주어진 모든 것을 사용해 더 많은 사람을 섬기고 사랑하는 것을 영광으로 여겼습니다. 예수님은 베드로와 정반대 편에 계셨던 것입니다. 그러니 아무리 열심이 강한들, 정반대로 걸어가는 사람을 어떻게 따라갈 수 있었겠습니까?

결국, 베드로는 두 갈래 길 앞에 서서 선택해야 했습니다. 그가 선택한 길에서 그대로 앞으로 진행해 나가든지, 아니면 예수님이 서 계신 편으로 옮겨가 정반대로 방향을 바꾸든지, 둘 중 하나였습니다. 가룟 유다도 이와 똑같은 갈림길 앞에 서 있었습니다. 불행히도, 유다는 자신의 길을 끝까지 고집했습니다. 그는 끝까지 강골의 기질을 발휘하여 자결하는 선택을 했습니다. 그 의지와 결의는 대단합니다만, 잘못된 선택을 끝까지 고집하는 것은 어리석음이지 결코 용기가 아닙니다. 반면, 베드로는 닭 울음소리와 함께 예수님의 말씀을 떠올리고는, 바깥 어두운 곳으로 나가 통곡하며 깨어졌습니다. 자기 자신에 대해 가지고 있던 최소한의 자존심마저도 이때 다 깨어지고 말았습니다. 그렇게 깨어졌을 때, 부활하신 주님은 베드로를 찾아 주셔서 당신이 선 곳으로 옮겨 주셨고, 그에게 성령의 선물을 주셔서 그 길을 걸을 수 있게 해 주셨습니다. 주님께서 "나중에는 따라올 수 있을 것이다"라고 말씀하셨을 때, 그 '나중'은 바로 이때를 두고 말씀하신 것이었습니다.

그 후에야 비로소 베드로는 예수님의 꿈을 자신의 꿈으로 품고, 예수님의 길을 자신의 길로 삼을 수 있었습니다. 그는 더 이상 사람들 위에 군림하여 영광을 누려 볼 꿈을 꾸지 않았습니다. 그도 주님처럼, 성령께서 주시는 능력을 힘입어, 할 수 있는 한 많은 사람들을 섬기고 사랑하여 그들이 하나님에게 눈뜨도록 돕는 일에 인생을 바쳤습니다. 그 선택으로 인해 베드로는 주님처럼 고난과 박해와 헐벗음과 투옥으로 점철된 삶을 살다가 비참한 죽음을 맞이했습니다. 그것이 '베드로의 영광'이었습니다. 이 말이 황당하게 들려도 어쩔 수가 없습니다. 베드로 자신도, 예수님이 그런 말씀을 하실 때 황당하게 느꼈습니다. 하지만 나중에는 알 수 있었습니다. 예수님이 주신 '사랑의 새 계명'을 따라, 다른 사람을 위해 낮아지고 섬기며 희생하는 길에 들어서서야 베드로는 참된 영광이 어떤 것인지를 경험했고, 자신으로 인해 하나님께서 영광을 받으신다는 것도 깨달았습니다. 그리고 그 길로 계속 걸어 나갈 때, 영원한 생명에 이른다는 것도 깨달았습니다. 그러니 대제사장의 법정 밖에서 비참하게 깨어졌던 것이 그에게 얼마나 큰 은혜였는지요!

6

이제, 우리 모두에게 질문 하나를 던지면서 베드로의 이야기를 마치려고 합니다. 우리는 모두 예수님을 따르고 있다고 할 수 있습니다. 믿음의 정도에 있어서는 차이가 있겠지만, 어쨌든 예수님을 따르려는 마음이 조금이라도 있으니 이 자리에 계시겠지요? 여러분의 믿음의 정도가 어떻든지 상관없이, 오늘 저는 우리 각자가 자기 자신에게 진지하게 이 질문을 던지게 되기를 바랍니다. 그 질문은 이겁니다. "나는 지금 예수님이 가신 길을 걸을 수 있으며, 그분이 계신 곳에 갈 수 있는가?"

오늘의 베드로의 이야기를 비추어 생각해 봅니다. 결론은 이렇습니다. 만일 예수님을 따르는 중에 자기 자신에 대해 절망하며 깨어져 본 적이 없다면, 그 누구도 예수님이 가시는 길을 걸을 수도 없고, 그분이 계신 곳에 갈 수도 없다는 것입니다. 혹시 지금은 잘 걷고 있는 것 같아 보여도, 그동안 붙들고 살아온 자신에 대한 헛된 믿음이 깨어지지 않으면, 머지않아 베드로처럼 그분을 부인하든지, 유다처럼 그분을 배반하든지, 다른 제자들처럼 그분을 떠나버릴 것입니다. 오직 예수님 앞에서 산산이 깨어져 스스로에게 절망하고, 하나님 안에서 자신을 새롭게 발견하여 그분의 은혜로 회복된 사람만이 그분의 길을 갈 수 있고, 그분이 계신 곳에 이를 수 있습니다. "깨어짐의 은혜"가 필요 없는 사람은 하나도 없습니다.

예수님이 가신 길을 가고 예수님이 계신 곳에 이르는 것, 그것이 '해도 되고 안 해도 되는 일'이라면, 이 질문을 그렇게 심각하게 생각할 필요가 없을 것입니다. 하지만 이 질문에 우리의 영원이 걸려 있다면, 이 질문에 우리 인생의 참된 성패가 걸려 있다면, 일생에 한두 번은 이 질문을 부여잡고 밤을 새우는 경험을 해야 합니다. 그런 과정을 거쳐 지금까지의 내가 완전히 해체되고, 성령의 은혜로 다시 회복되어야만 합니다.

그럴 때에만 희망이 있습니다. 그렇게 하는 것이 약해지는 것 같지만, 실은 진실로 강해지는 길입니다. 깨어지는 것이 자신을 잃는 것 같지만, 실은 자신을 얻는 길입니다. 예수님 앞에서 자신에 대해 절망하는 것이, 실은 자신에 대한 참된 희망을 얻는 길입니다. 사정이 이렇다면, 하나님께서 우리를 깨뜨리시도록 두 손을 높이 들고 항복해 보심이 어떨지요? 이미 그렇게 깨어진 분이라 해도, 매일 다시금 두 손을 들고 주님의 "깨뜨리시는 은총"을 구하심이 어떨지요? 시큼털털한 포도 알갱이가 맛있는 포도주로 숙성되려면 먼저 형체를 알아볼 수 없을 정도로 으깨어져야 하듯, 우리도 그렇게 깨어지고 또 깨어져 하나님의 향기와 맛을 품은 참된 인간으로 숙성된다면 얼마나 좋을까요? 그것이 우리 인생의 참된 영광이 아니겠습니까?

주님,
주님의 길을 가기 원합니다.
주님 계신 곳에 이르기 원합니다.
저희를 이끄소서.

저희를 깨뜨리시고 부숴 주소서.
주님 안에서 새로 지어지게 하셔서
주님이 걸으신 길을 걸어
주님 계신 곳에 이르게 하소서.
이곳에 사는 동안 영원의 맛과 향기를 풍기게 하시고
마침내 영원에 이르게 하소서.
아멘.